LaQ神業スペシャル
LaQ戦国ワールド
LaQで戦国の世界を再現!!

東京堂出版

LaQ戦国ワールド 目次

LaQで遊ぼう！

- 基本となるパーツはたったの7種類 ・・・・・・・・・ 4
- LaQが上手になるためにモデルをステップアップ！・・・ 5

LaQで戦国の世を再現しよう

- LaQ戦国ワールドとは!? ・・・・・・・・・・・・・ 6
- この本に載っているLaQのモデル ・・・・・・・・・ 7
- LaQで再現する歴史的決戦！ ・・・・・・・・・・・ 8
- 平面で作る戦国モデル ・・・・・・・・・・・・・ 10
- 平面モデルからの応用 ・・・・・・・・・・・・・ 12

装備を作ろう！

- ビルドアップロボにも装備できる武器モデル ・・・・ 13
- LaQの人形とサイズを合わせた鎧兜 ・・・・・・・・ 19
- ビルドアップロボ専用アーマーを作ろう！ ・・・・・ 20
- ビルドアップロボ専用アーマー：タイプ幸村設計図 ・・ 22

アーマーを装着せよ！・・・・・・・・・・・・・・・28
ビルドアップロボ専用アーマーバリエーション・・・30
変わり兜を作ってみよう・・・・・・・・・・・・32

人物を再現しよう！

合戦シーンの主役たちを作ろう！・・・・・・・34
騎馬武者を作ろう！・・・・・・・・・・・・・39
騎馬武者設計図・・・・・・・・・・・・・・・40
戦場らしさが出る小物を作ろう！・・・・・・・44
歴史上の人物を再現しよう！・・・・・・・・・48
坂本龍馬を作ろう！・・・・・・・・・・・・・60
坂本龍馬設計図・・・・・・・・・・・・・・・61

城を建てよう！

飾って遊んで楽しもう！・・・・・・・・・・・65
熊本城を作ろう！・・・・・・・・・・・・・・68
熊本城設計図・・・・・・・・・・・・・・・・70
イベント用大型モデル大阪城紹介！・・・・・・94

LaQで遊ぼう!

まずはLaQの基本的な知識のおさらいをしておこう。作りたいモチーフを作るには、正しい知識が大切になるぞ。

基本となるパーツはたったの7種類

LaQのことならワシになんでも聞いてくれい！

LaQハカセ

基本パーツ（2種類）

No.1
正方形の基本パーツ。No.1を5枚重ねた厚みは1辺の長さと同じ。

No.2
正三角形の基本パーツ。尖ったものを表現するときにも使う。

ジョイントパーツ（5種類）

No.3 コミ
平面をつなぐ細いジョイント。No.3の幅は基本パーツの厚みと同じ。

No.4 コエ
平面をつなぐ太いジョイント。No.3+No.3はNo.4と長さが合う。

No.5 コミ
120度の角度のジョイント。球体やリングを作るときに使う。

No.6 出
90度の角度のジョイント。四角い枠や箱状のものを作れる。

No.7 土
90度ずつ3方向に接続できるジョイント。枝を増やしていくパーツ。

LaQの色

LaQをつなげるときのコツ

パーツをつなぐときは正しい方向に力を入れると「パチッ」と音がしてジョイントがかみ合う。はずすときは引っ張るのではなく、折るようにすると「ポキッ」と音がしてジョイントがはずれる。

つなぐとき

はずすとき

特殊なパーツ

ハマクロンパーツ

ハマクロンホイール

12方向に基本パーツが接続できる大きなタイヤ。

ハマクロンミニホイール

ゴム部分が着脱できる小さなタイヤ。目の表現にも使う。

ハマクロンシャフト

No.4の幅のタイヤの軸になるパーツ。シャフトを連続で接続可能。

ハマクロンミニシャフト
No.7に車軸をつけた形のコンパクトなパーツ。

パックス

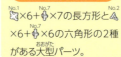
No.1×6+No.7×7の長方形とNo.2×6+No.7×6の六角形の2種がある大型パーツ。

ヘッドバンド

11カ所にジョイントパーツを接続できるヘッドバンド型のパーツ。頭に装着して遊べる。

ワンポイント LaQは決まった形の素材を組み合わせて何かの形を作り出す「構成玩具」と呼ばれる玩具のひとつだ。

LaQが上手になるためにモデルをステップアップ！

LaQ上達を目指してステップアップしていくのじゃ。

初級！ まずは平面モデル！

LaQは平面の組み合わせでできているのじゃ。LaQの極意は平面のなかにこそあるのじゃ！

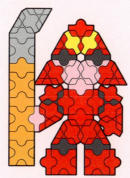

限られた形と色を、どう組み合わせていくか。平面の組み合わせパターンはしっかり身につけておきたい。

中級！ 飾れる立体モデル！

立体モデルはLaQの醍醐味じゃ。たくさん作って立体を造形する感覚を養うのじゃ！

▼平面モデルに厚みをつけて立体的にするのは、立体化する基本パターン。

▲作りたいモチーフを考えたら、何かを参考にして自分なりにアレンジしよう。

上級！ 遊べる可動モデル！

LaQのモデルには工夫をたくさん詰め込めるのじゃ。動くモデルにも挑戦してくれい！

▼36ページで構造を解説している足軽のモデル。頭を押すと槍を振り上げるぞ！

▲既存商品に装着可能な鎧兜のモデル。鎧を着けたままポージングが可能だ！

ワンポイント LaQを上達したいなら、設計図をじっくり研究してみよう。いろいろなテクニックが詰まっているぞ！

LaQで戦国の世を再現しよう!

どんなものでも作れるLaQで、戦国の世を再現してみよう!
戦国の世界には魅力的なモチーフがあふれているぞ!

LaQ戦国ワールドとは!?

LaQを使って歴史の1ページを再現するのじゃ!

大坂冬の陣

歴史を知ればモデルにも深みが出てくる。学んだ知識を取り入れてジオラマを再現しよう!

日本の歴史は戦の歴史といっても過言ではない。戦のなかには壮大なドラマや文化が刻まれており、それを知ることは歴史への興味の第一歩となる。"戦国"という切り口でLaQを楽しむことで歴史の楽しさを改めて感じてもらいたいのだ。

ビルドアップロボ:タイプ幸村

"戦国"というテーマは、意外に応用ができる。戦国武将風のアレンジをしてみよう!

戦の歴史

ここでは、各時代にあった戦をいくつか選んで年表に掲載しているが、実際はこの何倍も多い。

時代	古代〜奈良時代	平安時代	鎌倉時代
概要	小国同士の勢力争いだった戦は、国家が形成されたあとは、政治権力をめぐる争いが主になる。	治安の悪化により武士が誕生。武家同士の権力をめぐる戦が行われるようになる。	源氏により武家の政府"幕府"が誕生。幕府に対する不満が反乱という形になり戦が起きた。
主な戦	527年〜528年:磐井の乱 534年:武蔵国造の継承争い 587年:丁未の乱 672年:壬申の乱 720年〜721年:隼人の反乱 740年:藤原広嗣の乱 764年:藤原仲麻呂の乱 780年:宝亀の乱 789年:巣伏の戦い など	935年〜940年:平将門の乱 1051年〜1062年:前九年の役 1156年:保元の乱 1159年:平治の乱 1180年〜1185年:治承・寿永の乱 1185年:屋島の戦い 1185年:壇ノ浦の戦い 1185年:河原津の合戦 1185年:河尻の戦い など	1189年:衣川の戦い 1189年:奥州合戦 1201年:建仁の乱 1221年:承久の乱 1274年:文永の役(元寇) 1281年:弘安の役(元寇) 1331年〜1333年:元弘の乱 1335年:中先代の乱 1335年〜1336年:延元の乱 など

ワンポイント 戦国時代と呼ばれる時代は歴史のほんの一部。この本では、広く"戦"をメインテーマに扱っていく。

この本に載っているLaQのモデル

この本のモデルは、だいたい4種類に分けられるのじゃ。

装備
鎧兜

装備は武器と防具に分けられる。武器は平面で作れるものを多く用意したので、初心者はここから作るといいだろう。

人物
徳川家康

代表的な戦国武将と兵士たちをLaQで再現しよう。さらに写真が残っている幕末期以降の著名人も多く作例を掲載している。

城
熊本城

熊本城は設計図があるモデルとしてはLaQの歴史のなかでも最大級。戦の拠点として、権力の象徴としての城造りを楽しもう。

ジオラマ
川中島の戦い

作ったモデルを組み合わせて情景を再現しよう。まずはメインモデルを作って、そこにいろいろなものを足していくといいぞ。

群雄割拠の戦国時代

歴史区分での"戦国時代"は、15世紀末から16世紀末ごろまでの戦乱が絶えなかった時代のこと。この本では、この時代にこだわらずモデルを紹介していく。

室町時代	安土桃山時代	江戸時代	明治時代～近代
南北に朝廷が分かれていた南北朝時代と戦乱が絶えなかった戦国時代に分けられる。	織田信長が天下統一に乗り出し、豊臣秀吉がその後継として全国を支配した。	長く大きな戦はなかったが、末期には倒幕の機運が高まり武力衝突が頻発する。	封建制度は終焉し西南戦争以後、戦争は国家同士の近代戦となっていく。
1337年：金ヶ崎の戦い	1573年：小谷城の戦い	1614年～1615年：大坂の陣	1876年：神風連の乱
1350年～1352年：観応の擾乱	1573年：若江城の戦い	1637年～1638年：島原の乱	1876年：秋月の乱
1352年：武蔵野合戦	1575年：長篠の戦い	1863年：薩英戦争	1876年：萩の乱
1399年：応永の乱	1582年：本能寺の変	1864年：下関戦争	1877年：西南戦争
1441年：嘉吉の乱	1584年：小牧・長久手の戦い	1864年・1866年：長州征討	1894年～1895年：日清戦争
1454年～1482年：享徳の乱	1592年～1593年：文禄の役	1868年～1869年：戊辰戦争	1904年～1905年：日露戦争
1467年～1477年：応仁の乱	1597年～1598年：慶長の役	1868年：鳥羽・伏見の戦い	1914年～1918年：第一次世界大戦
1553年～1564年：川中島の戦い	1599年：庄内の乱	1868年：会津戦争	1937年～1945年：日中戦争
1560年：桶狭間の戦い	1600年：関ヶ原の戦い	1868年～1869年：箱館戦争	1941年～1945年：太平洋戦争
など	など	など	など

ワンポイント この本は"戦国"をメインテーマにLaQで楽しみながら、歴史の魅力を再発見するのがコンセプトだ。

LaQで再現する歴史的決戦!

まずはLaQで再現する合戦の例を紹介しておくぞい!

1185年 屋島の戦い

平家物語につづられた名場面

源平合戦の一つ。1184年3月の一ノ谷の戦い(兵庫県神戸市)に敗れた平家は、屋島(香川県高松市)に逃れていたが、1185年2月に源義経が屋島を急襲したため、平家軍は敗走する。この戦いのとき、海上の平家側は竿の先に扇を立てて源氏側に射落とせるかと挑発したが、選ばれた若武者那須与一がこれをみごとに射落としたとされ、その逸話は『平家物語』にも描写されている。

那須与一
源氏の若武者、那須与一が波に揺れる船上の扇を射抜いた瞬間をモデルにした。

1561年 川中島の戦い

北信濃をめぐる12年の戦い

甲斐(山梨県)の武田信玄と越後(新潟県)の上杉謙信は、5回にわたって川中島(長野県長野市)を舞台に戦いを繰り広げた。一番の激闘が1561年9月の4回目で、武田軍は上杉軍を挟撃しようとしたが、上杉軍が武田軍の本隊へ突撃。このとき、謙信は単騎で信玄の本陣へ突入し、馬上から太刀で3回斬りつけたが、信玄は軍配でこれを防いだといわれている。

上杉謙信が武田信玄の陣地に単騎で切り込む様子を再現したジオラマ。謙信が駆る馬を立たせることで全体に躍動感が生まれている。

武田信玄
名将として名高い甲斐国の戦国大名。軍配を手にした姿で肖像画が描かれていることが多い。

上杉謙信
越後国の戦国大名。生涯にわたり多くの戦を繰り広げ、越後の虎、軍神などと称された。

ワンポイント LaQで情景を作るときは、正確さよりも状況を誇張しつつ必要な情報をコンパクトにまとめること。

1575年 長篠の戦い

戦を変えた鉄砲隊

1575年5月、三河（愛知県）の設楽原において武田勝頼と織田信長・徳川家康の連合軍が激突した。勝頼は、1574年に遠江（静岡県）の高天神城を陥れ、その勢いに乗って1575年に長篠城を囲むことに成功。長篠城主からの援軍要請により、信長と家康が出陣する。信長は馬防柵を設け、大量の鉄砲を使用して武田軍の騎馬隊を大敗させた。この戦いは、その後の戦術や戦法に大きな影響を及ぼすことになった。

織田信長

信長が鉄砲隊を3列に並べた「三段撃ち」を行ったとされる説を再現したジオラマ。

1614・1615年 大坂の陣

戦国の世を終わらせた大決戦

1614年の冬と1615年の夏、徳川氏と豊臣氏は二度にわたって戦った。徳川家康は京都方広寺の鐘銘問題を口実に、豊臣秀頼の籠る大坂城を攻撃したが、真田信繁（幸村）らの活躍で落とせず、家康はいったん豊臣氏と和議を結ぶ。しかし、その間に大坂城の堀を埋めて、真田丸などを破壊した（冬の陣）。その後、家康が秀頼の国替えなどを強要したために戦闘が再開されたが、大坂城から打って出た豊臣軍は各所で敗北、ここに豊臣氏は滅亡し、戦国の世は終焉を迎える（夏の陣）。

徳川家康

大坂城に籠城した豊臣方を包囲する徳川方。迎え撃つは真田信繁（幸村）！

1877年 西南戦争

武士が起こした最後の内戦

1873年の朝鮮使節派遣をめぐる政府分裂によって職を辞した西郷隆盛は、帰郷して私学校を興した。その後、各地で不平士族による反政府運動が激化していくなか、鹿児島県士族と政府の対立も激しくなり、1877年2月、ついに私学校の生徒らが西郷を擁して挙兵。西郷軍は熊本鎮台の置かれた熊本城を包囲したものの、政府軍に鎮圧されて敗走する。鹿児島に戻った西郷らは、9月に城山で切腹したのである。

西郷隆盛

堅城として名高い熊本城に籠城する政府軍と、それを攻める西郷率いる薩軍。

ワンポイント 合戦シーンの主役は人！見栄えのする武将クラスを中心に、足軽などの一般兵を複数揃えよう。

平面で作る戦国モデル

作ったあとで遊びやすいモデルを集めてみたぞい。

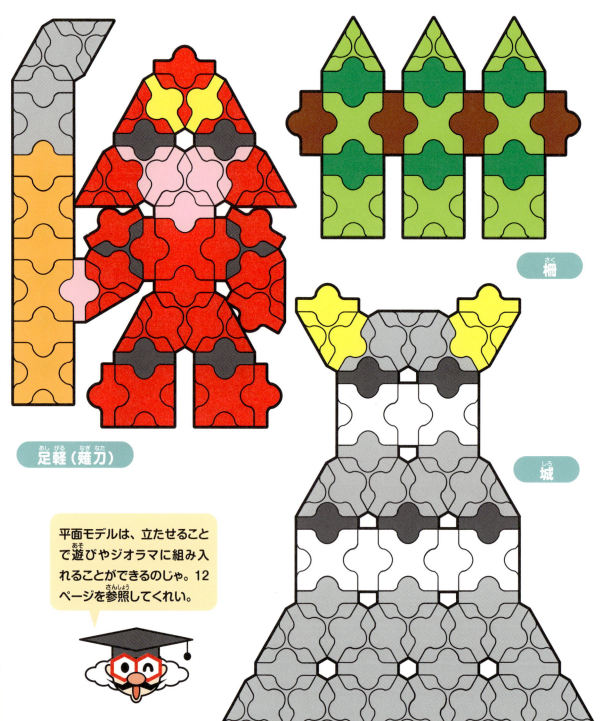

足軽（薙刀）

柵

城

平面モデルは、立たせることで遊びやジオラマに組み入れることができるのじゃ。12ページを参照してくれい。

ワンポイント　LaQは平面を組み合わせて立体を作っていく玩具なので、平面モデルは造形の基本になる。

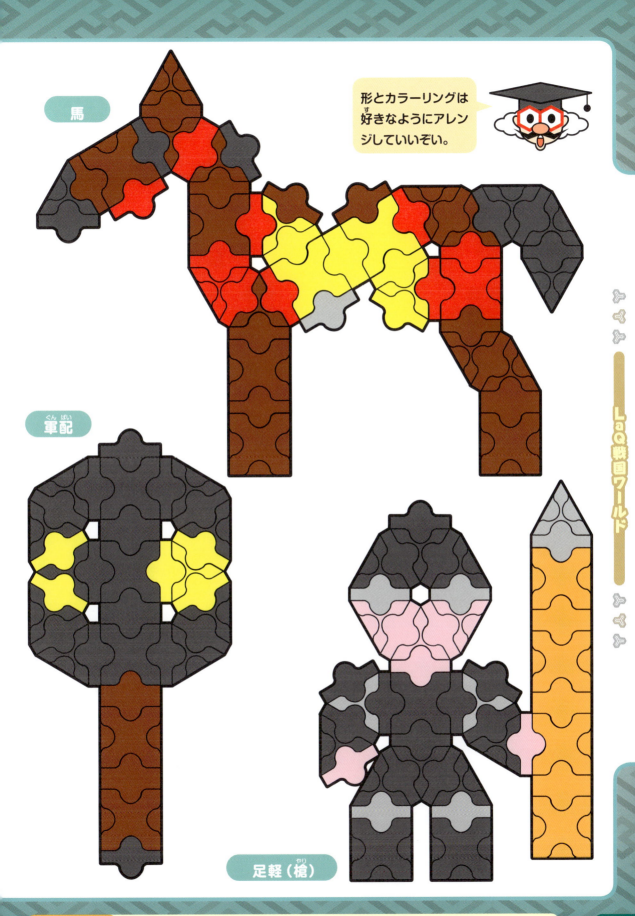

平面モデルからの応用

平面モデルは気軽に作りやすいし、遊びやすいのじゃ。

平面モデルを立たせてみよう

足軽
足にNo.7のパーツをつけると立たせられる。さらにNo.1をつけるとより安定する。

馬
背が高いモデルはNo.7+No.1が安定する。色でその場所のイメージも作れる。

平面モデルを立たせると、可愛く飾ることができるのじゃ。

城
舞台に使う「書き割り」のように後ろに支えをつけるだけでも立たせられる。

立体的にしてみよう

平面モデルを2つ作れば、No.6とNo.1を使って簡単に立体的にすることができるのじゃ。

馬
11ページの平面モデルを立体にした例。耳にNo.7、鼻にNo.5を使うなど工夫している。

39ページの騎馬武者の馬も平面モデルに厚みをつけている構造。

ワンポイント 太陽、山、家、木など平面の背景を重ねると立体的な背景を作れる。モデルを飾るときに活用しよう。

装備を作ろう！

戦場で己の身を守るための装備を作ろう！武器や防具は戦争の歴史とともに進化し、用途もさまざまに分けられる。

ビルドアップロボにも装備できる武器モデル

ビルドアップロボが持てるサイズで武器を揃えたぞい。

小太刀
太刀より短く、刃渡り2尺(60センチ)程度の刀。脇差はもう少し短いほうが一般的。

長巻
大太刀を取り回しやすくするために柄を長くしたもの。全長2メートルを超すものもある

太刀
一般的に刃渡りおよそ2尺(60センチ)以上が太刀で、3尺(90センチ)以上のものが大太刀。

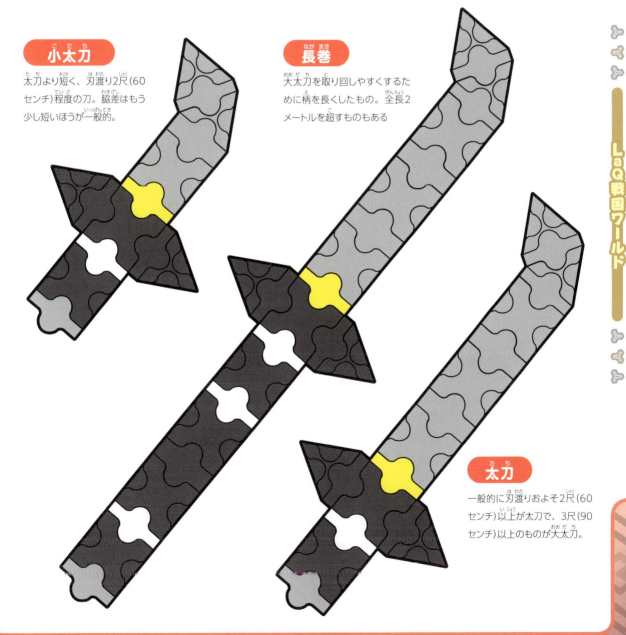

LaQ戦国ワールド

ワンポイント 大太刀と呼ばれる長い刀も好まれた。持たせにくくなってしまうが、もう少し刃渡りを長くしてもいいだろう。

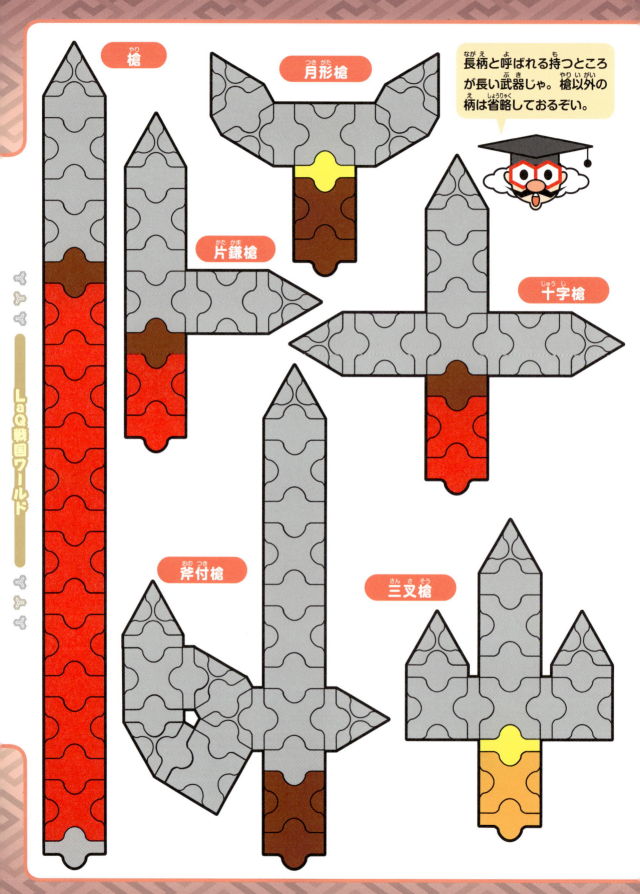

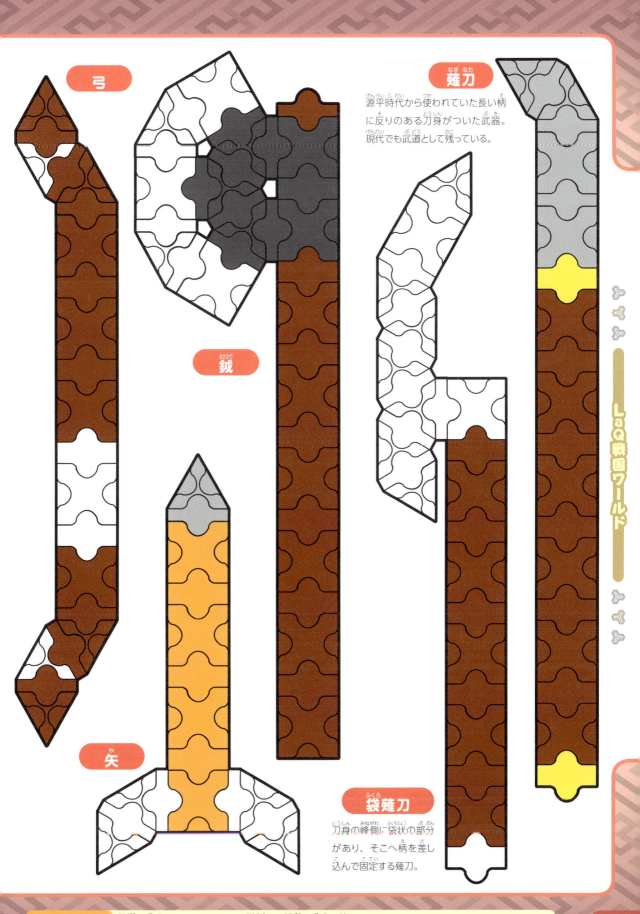

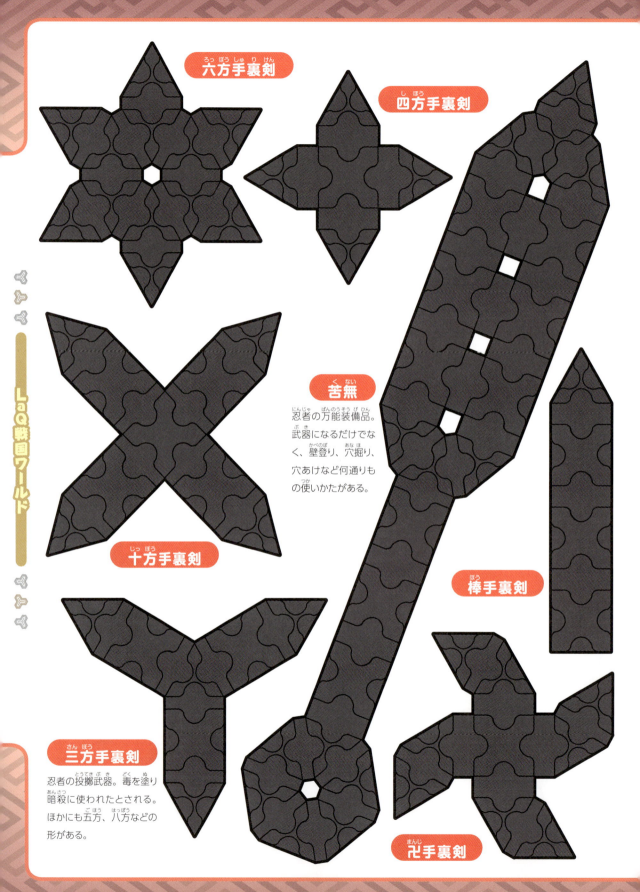

火縄銃

火が点いた縄で火薬に着火し、弾丸を飛ばす銃。種子島に伝来したので種子島銃とも呼ばれた。

左のページは忍者の飛び道具、右のページは火薬を使った飛び道具でまとめてみたぞい。

大砲

火薬で大型の砲弾を撃ち出し、建物などを破壊する兵器。日本には戦国時代に伝来し、攻城戦などに使われた。

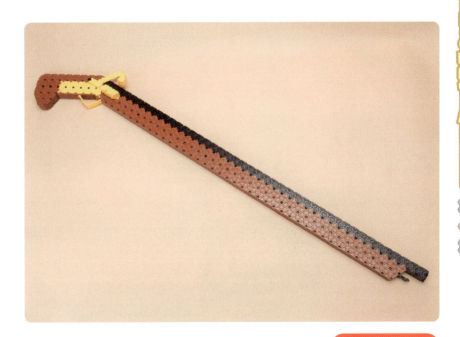

1/1火縄銃

何と! 実物大の火縄銃を作ってみたぞい。構えると身が引き締まるのじゃが、大きすぎてちょっと壊れやすいのじゃ。

LaQ戦国ワールド

ワンポイント 平面で作った火縄銃は、ビルドアップロボにも持たせることができるぞ。現用の銃器にも改造してみよう。

刀を立体的にする

日本刀は鞘からシャッと抜きたいじゃろ？ わしもそう思うぞい！

太刀と鞘

刀の鍔には、ハマクロンシャフトを使おう。鍔があれば手を切られにくくなるのだ。

鞘の角を1か所接続しないでおくと反りがある日本刀を鞘に納められる。

武器を飾ろう

刀掛け

刀を飾りたいときは刀掛けを作ろう。刀と鞘は別々に飾ることが多いので2段にする。

竹刀などを立てておく「刀立て」というものがあるので、似たものを作って武器を飾っておく。

槍などを立てると意外に重くなるので倒れないように工夫をしよう。

鞘は立体のものを飾るのではなく、写真のように飾る用のダミーを作るといい。

刀立て

平面の武器をたくさん作ったら、収納する場所も作るといいぞい。

ワンポイント お気に入りの武器はまとめて飾りたい。刀掛けと刀立てを組み合わせた飾り台を作ってもいいだろう。

LaQの人形とサイズを合わせた鎧兜

ここからはLaQで作る防具を解説していくぞい！

右のモデルは、目にNo.5を使ったLaQの人形に合わせたサイズの鎧兜。このモデルを参考にオリジナルの鎧兜を作ってみよう。5月5日の端午の節句に飾ってもいいだろう。

兜鉢　鍬形　錏　吹返

兜だけを飾ってもいい。兜の緒はNo.1の裏側の溝にNo.6を引っかけている。

写真のような台と緒を作れば、兜だけを飾ることもできる。

緒

栴檀板　鳩尾板　胴　大袖　籠手　佩楯　脛当　前草摺　貫

このモデルは戦国時代よりも前の時代の鎧を参考にしたオリジナルの鎧。

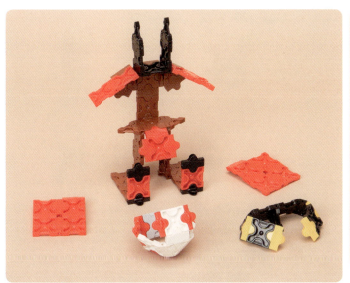

バラバラにしたところ。籠手はどこにも接続せずに脇を通すだけ。

鎧兜は専用の台を作り、座っている姿勢に見えるようにした。

LaQ戦国ワールド

ワンポイント　人物を一緒に作りたい場合は、34ページからの記事「人物を再現しよう！」を参考にするといいだろう。

ビルドアップロボ専用アーマーを作ろう！

飾って良し、遊んで良しのイカすアーマーなのじゃ！

ビルドアップロボ専用アーマー：タイプ幸村　414ピース

■414ピース

パーツ	No.1	No.2	No.3	No.4	No.5	No.6	No.7
赤	52	20	18	6	35	36	10
黄	1		4				
茶	6	32	10	2	12	18	2
黒	57	21	19	3	5	24	21

戦国時代、真っ赤な鎧の部隊は精鋭部隊の象徴だったのじゃ。真田家の赤備えが有名じゃ！

アーマーはすべてのビルドアップロボに装着が可能。君が持っているビルドアップロボに装着させよう！

専用ベースに装着すれば、鎧兜一式を飾っておくことができる。装備を複数作るとさらに楽しめるぞ。

真田信繁（幸村）の赤備え

自分の部隊を赤一色の鎧で揃えた「赤備え」の元祖は武田信玄の騎馬部隊。以来、「赤備え」は精鋭部隊の象徴となり、真田信繁（幸村）率いる赤備え部隊は大坂の陣で大活躍をしたため、その名が天下に轟いた。

ワンポイント　ビルドアップロボの設計図は市販のセットを買うかLaQの本に載っている作りかたを見よう。

すべてのビルドアップロボに装着可能！

一番のおススメはアレックスじゃが、それ以外の仲間でもかっこいいのじゃ！

ビルドアップロボ アレックス

籠手を装備すると、手の部分に武器を持たせられる。真田信繁（幸村）は「朱塗りの十文字槍」を愛槍にしていた。

ビルドアップロボ ラピス

LaQ戦国ワールド

ワンポイント　真田信繁（幸村）は十文字槍の名手だったといわれており、刀は名刀と名高い「正宗」を所持していた。

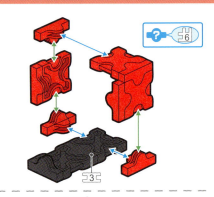
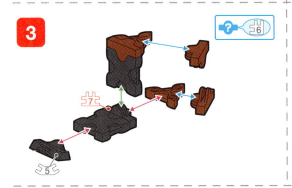
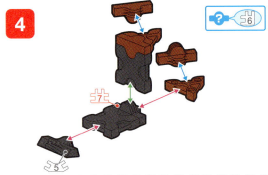
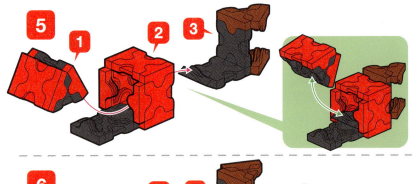
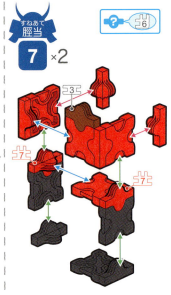

設計図の見かた

- 設計図上は ３ ４ ５ ６ ７ のアイコンでピースを表記する。No.7 は間違えやすいので赤表記する。
- 1〜の数字は、あとで組み合わせるパーツ。×2、×3の表記は数字の数だけ同じものを作る。
- ❓ のマークは、そのコマのなかでアイコンを省略しているピースを指す。
- ← は接続する箇所を示す。
- ←--- は上に置いたり、はさむなどして接続しない場合を示す。

ワンポイント　籠手にはピース幅の平面武器を持たせられる。籠手に直接接続してもいいだろう。

ビルドアップロボとは

ビルドアップロボをデザインしたのはLaQの達人Ken01さん。ほかのモデルと合体（ビルドアップ）して自分なりのカスタマイズをしていくことが可能なロボだ！

ワンポイント　Ken01さんのブログには、ビルドアップロボの秘密が解説されているぞ！→ http://kh0503.blog.fc2.com/

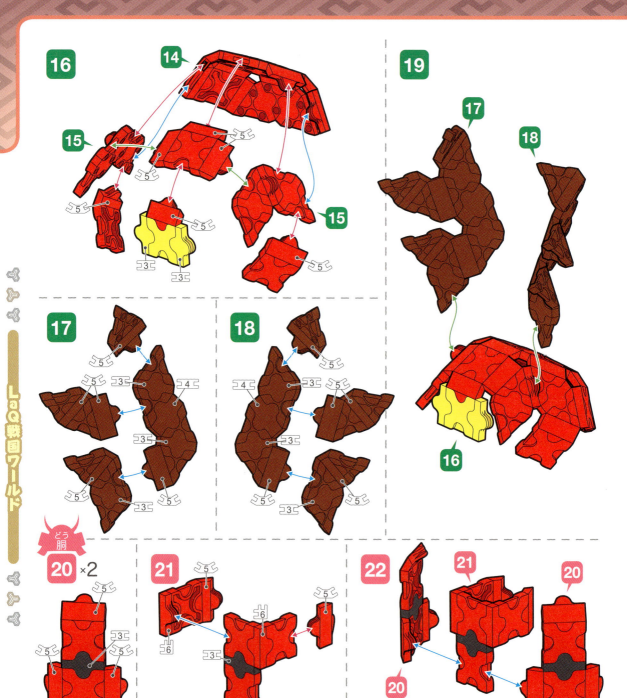

兜をアレンジしてみよう

32ページの兜を参考にしてオリジナル兜を作るのじゃ！

ワンポイント　22の胴はアレックス、ジェイド、タイガーに、ラピス用の胴はジョーカー、シャドーなどに装着できる。

ベースは好きな色で

アーマーを飾るベースは自分の好きな色で作って構わないぞい。

ワンポイント ベースは濃い色のほうが無難だが、白やグレーなどでもいい。なるべく単色で作ったほうがいいだろう。

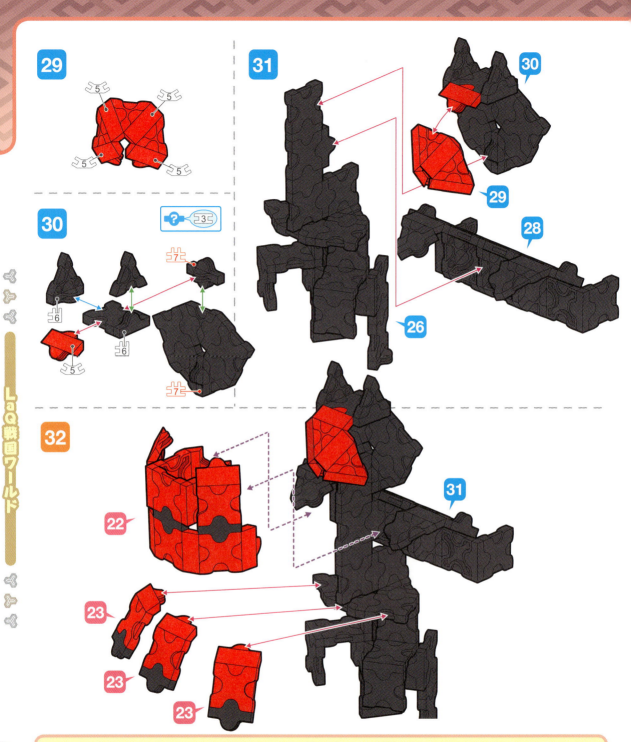

武器を用意しよう

武器は13ページ以降の作例を参考に、自由に作ってくれい。

ワンポイント　32の胴をはめるところは、どこにも接続せずに、No.3の内側に胴がはまるようにする。

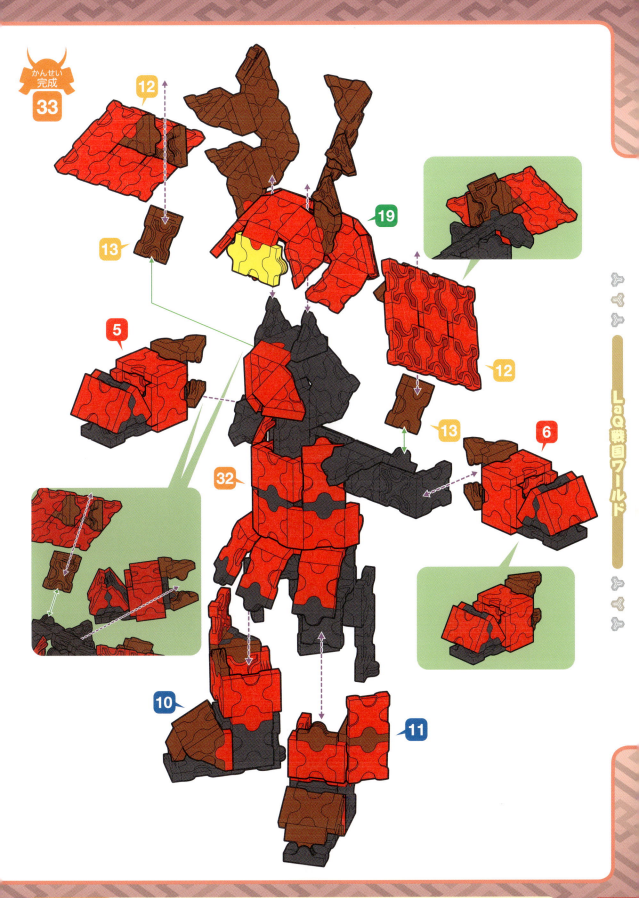

ワンポイント　13のパーツは、大袖12をつけやすいようにNo.6の内側へ向けているが、外側に向けてもいい。

アーマーを装着せよ！

ここでは、アーマーの着脱方法をまとめておくぞい。

アーマーのパーツ

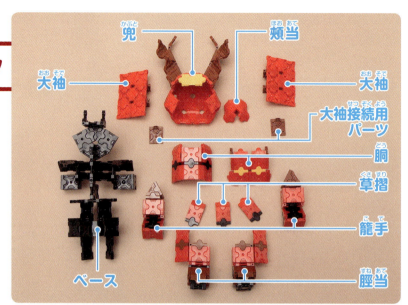

ここでは胴を2種類作っておるが、持っているロボのタイプに合わせてどちらかひとつでいいぞい。

籠手

籠手は本来、肩から腕全体を守る防具じゃが、肘から先のパーツになっておる。

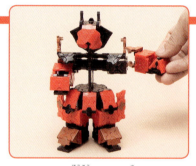
ベースから後ろ方向へ籠手を抜き、もともとついていた腕と差し替える。

無理に広げて差し替えようとせずに、一度パーツを外して差し替えるようにしよう。

脛当

足元を薙ぎ払われないように脛に当てる防具じゃ。外側の板は腿を守るぞい。

脛当もひざ下ごと差し替える。一度パーツを外してからつけ替えるようにしよう。

アレックスのひざ下は赤一色なので、脛当というよりもブーツに近い印象を受ける。

ワンポイント 籠手と脛当は丸ごと交換するパーツなので、元のパーツをそのまま改造して使ってもかまわない。

草摺

鎧の胴から垂れ下がって腰から下を守るパーツじゃ。本来はお尻側にもあるぞい。

ベースの腰の部分に3か所取りつけるところがあるので、そのまま移し替える。

腰の部分に取りつける。多少可動域が狭まるが、極端なポーズが取れなくなる程度。

大袖

肩から下げて上半身を守るパーツじゃ。盾がぶら下がっているような感じじゃな。

接続用パーツごと差し替える。先端No.6を内側に向けておくと大袖をつけ外ししやすい。

先端No.6を外側に向けておくと大袖は抜けにくくなるが可動範囲は多少狭まる。

胴

胴体には人体の急所である胸や腹があるので、しっかりと守る必要があるぞい。

アレックス用は❶にラピス用は❷に取りつける。

アレックス用の胴は胸の中央に引っかける。

ラピス用の胴は両脇のNo.1に接続する。

兜・頬当

頭部と顔も致命傷を受けやすい場所なので、しっかり守るのじゃ。

頬当は顔のパーツと差し替える。形は変わらないが、装備を変更した気分が大切なのだ。

兜はそのまま頭に載せるが、アレックスの頭のツノは外しておこう。

ワンポイント もとの姿から、どんどんパーツを足していくことこそ、ビルドアップロボのコンセプトなのだ。

ビルドアップロボ専用アーマーバリエーション

ビルドアップロボには無限の可能性があるのじゃ！

ビルドアップロボ専用アーマー：タイプ義経

源 義経が着用していた鎧をイメージしたバリエーションじゃ。源平時代の鎧の特徴を強調しておるぞい。

ラピス装着バージョン

大きな鍬形と吹き返しが源平時代の兜の特徴じゃ！勇ましいじゃろ！

アレックス装着バージョン

LaQ戦国ワールド

ワンポイント 源平時代の鎧兜は見た目もごついので、とても見映えがいい。ビルドアップロボにもピッタリだ。

ビルドアップロボ専用アーマー：タイプ信長

織田信長が愛用した西洋鎧をモチーフにしたぞい。装備も楯と両刃の剣という出で立ちなのじゃ。

銀の全身鎧をイメージしたカラーリング。盾は籠手のすき間にパーツを差し込んでいる。

ラピス装着バージョン

アレックス装着バージョン

裏地が赤のマントがイカスじゃろ！これで倒れにくいモデルになっておるのじゃよ。

LaQ戦国ワールド

ワンポイント ベースが西洋鎧なので、装備も西洋風にしたいところ。剣や槍も少しデザインを変えている。

変わり兜を作ってみよう！

オモシロ兜は戦場でのオシャレの基本なのじゃ！

変わり兜

戦国時代、戦場で目立つことを恐れないのは武士の誉れでもあったので、ある意味珍妙な「変わり兜」は多く残っている。縁起を担いだり、見た目にこだわったり、工芸品としても一級品なので、LaQでもそれを再現してみた。

LaQ戦国ワールド

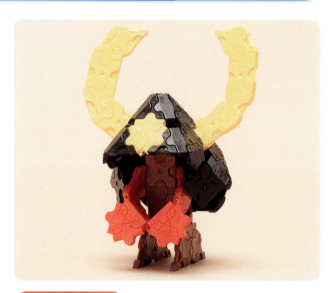

水牛の脇立

側面から巨大なツノをはやした兜。水牛がモチーフで力を誇示し、相手を威嚇する効果がある。

海老

腰が曲がっているので「海老」と表現されるエビは長寿の象徴。戦場では決して死なないという縁起のいいモチーフ。

兜は動物モチーフが意外に多いのじゃ。いろいろ再現してみると楽しいぞい。

ワンポイント 必ず強そうに見えるわけでもないところが楽しいところ。変なモチーフも多くて調べると面白い。

兎

「脱兎のごとく」と評されるウサギは素早さの象徴。一番に戦場へ駆けつけるという決意の兜。

蜻蛉

蜻蛉は「勝虫」とも呼ばれており、武士に人気が高いモチーフ。変わり兜は江戸時代に多く作られていたとされる。

兜の緒は、台に引っかけてあるだけじゃ。飾るときは、緒があるだけで兜らしくなるのじゃ。

鯱

魚の姿で顔は虎の想像上の生き物。火事除けの縁起物とされ屋根の上に飾られる。家を守る象徴と考えられ縁起のいい兜のモチーフとなっている。

ワンポイント ビルドアップロボにかぶせられるサイズなので、応用モデルとして挑戦してみよう。

人物を再現しよう！

戦の主役はあくまで人間たち。歴史に登場した傑物たちをLaQで再現してみよう。いかに特徴を出すかがポイントだ！

合戦シーンの主役たちを作ろう！

LaQで人を作るのは楽しいぞい。意外にハマるのじゃ。

位の高さを考えて作る

どんな人を作るのか、特徴をよく考えるのがポイントじゃ。

上級武士

足軽や雑兵などの一般兵と少しだけ差をつけよう。馬に乗っていたり鎧の統一やボリュームなど細かいこだわりを盛り込みたい。

騎馬兵

馬に乗っている武士は位が高い傾向がある。外見もそれに合わせたい。

総大将、大将クラス

ほかとの差別化を明確にしたい。派手で立派な風貌だけでなく、周囲の小物や、全体の配置などからも重要人物であることは表現できる。

徳川家康

総大将であることを明確にしたいので大将陣を作って据えている。

足軽、雑兵

上級武士よりも地味な見た目にしたい。戦闘シーンを作るなら、槍、弓、鉄砲など、統一武器で部隊を組ませ、複数作って隊列を組ませよう。

足軽

武装の程度は軽くても重くてもいいが、統一感は大切にしたい。

LaQ戦国ワールド

ワンポイント 人間のモデルを作るときは、外見の特徴とポージングにこだわろう。

足軽、雑兵を作る

足軽（槍）

戦国ジオラマが映えるように足軽はたくさん作ったのじゃ。

ハマクロンシャフトで槍と背中の幟旗を作っている。集団戦闘をする足軽の装備としては振り回す刀よりも槍のほうが一般的。

足軽（薙刀）

装備のバリエーションとして薙刀兵も作っている。

兜は、おでこのすき間から差し込んで固定している。飾っておくモデルならこれで十分。

足軽（薙刀）

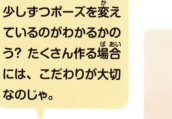

少しずつポーズを変えているのがわかるかのう？たくさん作る場合には、こだわりが大切なのじゃ。

展示するジオラマ用に作っているモデルなので倒れにくくしてある。

ワンポイント 鎧や装備、幟旗など考証をもとにモデルを作ると説得力がでるが、イメージで作っても構わない。

幟旗にこだわってみよう

幟旗
戦場において敵味方の区別がしやすいように兵が身につけた縦長の旗。家紋を入れることが多いが、色や模様なども用いられた。同じ家系でも時代や家ごとで異なる場合もある。

LaQの幟旗はジョイントの部分に家紋が入るのじゃ。下の作例がイメージじゃな。

足軽

明智光秀の幟旗は水色の地に白抜きで桔梗の紋が入る。

織田信長

徳川家康

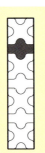
豊臣秀吉、前田慶次、柴田勝家、伊達政宗

真田幸村、毛利輝元

石田三成

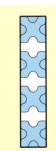
明智光秀

コンパクトサイズの足軽

槍足軽
ピースを節約したコンパクトサイズの槍足軽のモデル。装備も最低限の表現にしている。

足軽は時代によって装備も様々。軽装な場合もあった。

腕は挟んであるだけなので、頭を押すと槍を振る仕掛け。

四角い頭で、ひと回り小さいサイズの足軽じゃ。軽装なので、急きょ雇われた雑兵にも見えるのう。

ワンポイント 戦国時代の足軽はそれなりに重装備なことが多く、雇われ兵である雑兵は装備も様々になる。

鉄砲足軽を作る

鉄砲の表現はハマクロンシャフトが便利なのじゃ。ポージングだけで鉄砲に見えるぞい。

鉄砲足軽
片膝立ての射撃ポーズ。鉄砲足軽として基本となるポーズ。

鉄砲足軽
立って鉄砲を構えているポーズ。片膝立てと一緒に作って変化をつけたい。

コンパクトサイズの鉄砲足軽

コンパクトサイズ足軽の鉄砲足軽バージョンじゃ。陣笠をかぶらせてみたぞい。

鉄砲足軽

ハマクロンシャフトの向きは上のモデルの向きでもいいし、この向きでもいい。

陣笠を後頭部に差し込んであるので、こちらは可動しないが、槍足軽の頭にすれば可動バージョンも作れる。

陣笠のパーツを差し込んだところ。槍足軽にも応用できる方法。

ワンポイント 鉄砲足軽を作るなら、45ページの馬防柵と一緒に複数作って、1列に並べたい。

騎馬兵を作る

騎馬兵は馬のサイズで印象が変わるのじゃ。どんなモデルを作りたいかのコンセプトに関わるぞい。

騎馬兵
馬が立ち上がった姿は躍動感が出るが、写真のように土台（緑の部分）が必要。

騎馬兵
馬上から相手を攻撃する騎馬兵の装備は、槍や薙刀など長柄の武器か弓になる。

コンパクトサイズの騎馬兵

このサイズだとリアルさは薄くなるが、見た目はかわいいじゃろ？

騎馬兵
騎馬兵を複数作るなら、装備を統一して馬の色を白、黒、オレンジ、茶色などに変えるといい。

騎馬兵の下半身は、上半身と馬の身体で挟んで固定している。

馬は39ページの騎馬武者のように馬具の部分の色を変えるといいぞ。

ワンポイント 騎馬兵のリアルさを追求するなら53ページの作例くらいの大きさが必要になる。

騎馬武者を作ろう！

馬に乗っている鎧武者じゃ。贅沢なモデルじゃろ！

騎馬武者

305ピース

■305ピース

パーツ	No.1	No.2	No.3	No.4	No.5	No.6	No.7
赤	7	6	22	2	1	3	2
黄	4	9	8	2	4		
ピンク	3	4			7		
オレンジ	4	7	5	3		3	
黄緑		3	1				1
茶	13	24	22	1	1	11	4
白	6	4	2		13	4	
グレー	1	7	2		5		1
黒	11	19	19	2	14	4	4

馬の体色、ポーズ、鎧、武器など、とても応用が利くモデルなのじゃ。ぜひ改造も楽しんでくれい。

馬は色を変えて馬具を表現している。西洋風の馬鎧にデザインを変えることもできる。

騎馬武者

一騎打ちが貴ばれた源平の時代は騎馬による戦闘が花形であったが、時代とともに、その重要性は薄れていった。火薬武器と歩兵による集団戦術が一般的となり騎馬戦闘は武芸としてのみ残ることになる。

武者は馬に接続せずに、内側に締めた足で姿勢を保つ。なので、多少のポジショニングが可能。

ワンポイント カウボーイやジョッキー、騎士や王子様など、様々な乗馬モデルに応用できる。

1

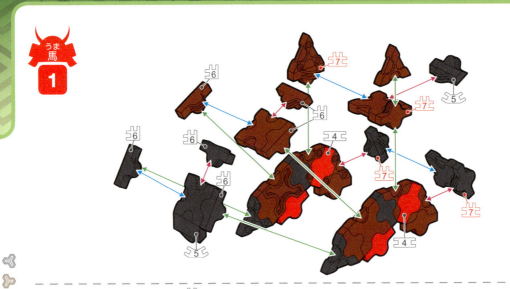

2

3

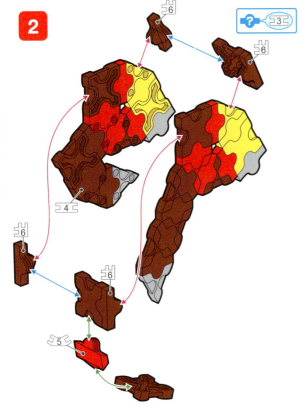
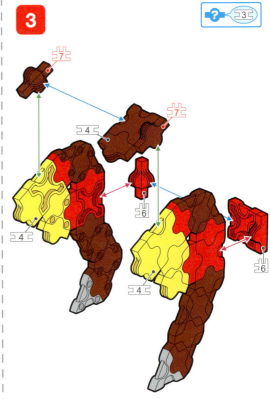

馬のポーズを変えてみよう

12ページの馬を参考にすれば、止まっている馬にもできるぞい。

ワンポイント 立ち上がった馬、ジャンプしている馬、早駆けなど、馬の脚の形や首の角度などにもこだわりたい。

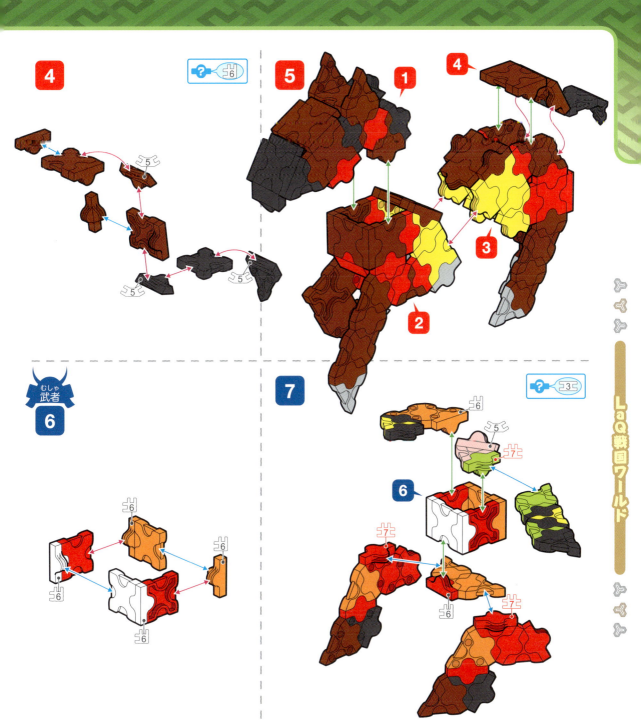

鎧のデザインを変えよう

鎧兜のデザインは部分的に色を変えるなどアレンジしてくれい。

ワンポイント　馬に着せる馬鎧というものもある。53ページの馬のイメージで馬に装飾を加えてもいいだろう。

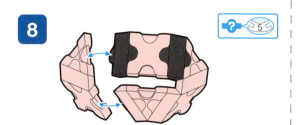
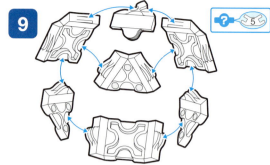
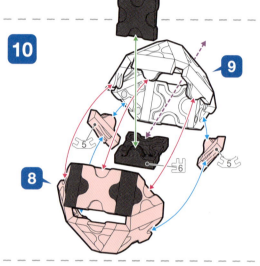

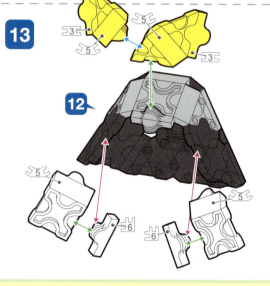

LaQ戦国ワールド

武器を変えてみる

槍や薙刀、太刀など、ポージングと武器も変えてみよう。

ワンポイント 中国の武将風にアレンジしてもいいだろう。呂布で方天画戟、張飛で蛇矛、関羽で青龍偃月刀など。

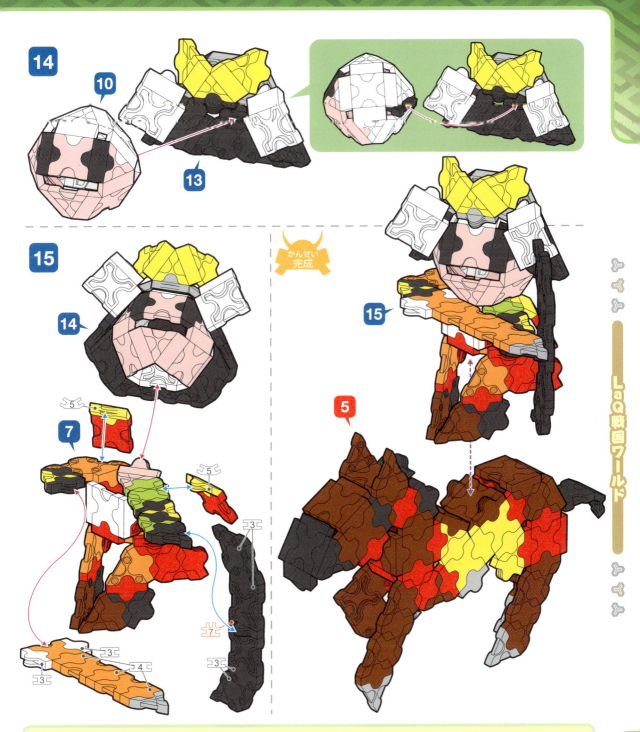

流鏑馬（やぶさめ）

平安後期から行われていた騎射のひとつ。鎌倉鶴岡八幡宮などで神事として残っている。

この衣装は流鏑馬の衣装を参考にしておる。現代の流鏑馬の衣装は、また少し違うのじゃ。

ワンポイント このモデルでジオラマを作るなら、やはり流鏑馬のシーンを再現したい。挑戦してみてよう。

戦場らしさが出る小物を作ろう！

ジオラマは小物を再現するのが効果的なのじゃ！

馬印

戦場で大将がどこにいるのか分かるようにする目印。大将の馬のそばに立てられていたので「馬印（馬標）」と呼ばれた。武将によってそれぞれ意匠があり、旗状のものは「旗印」、大きなものは「大馬印」と呼ぶ。

馬印（二段笠）

有名な武将の隣には、馬印を持った兵を配置しておくと、それらしくなる。

馬印（吹流）

味方の兵を効果的に運用し鼓舞するためにも、馬印は目立つような工夫がされていた。

武将にはそれぞれ旗印や馬印があるのじゃ。どのくらい再現するかがこだわりポイントじゃな。

馬印（金扇）

徳川家康の大馬印は金扇。ハマクロンシャフトをたくさん使うことで再現した。

矢盾

文字通り敵の矢から身を守る、持ち運びができる楯。シンプルだが戦場らしさが増す小物。

ワンポイント　戦場らしさを再現する小物はいくらでもある。時代劇や絵巻物などを注意深く観察して作ってみよう。

陣幕

陣地を作るために戦場に張る幕。武将の背後に立てると陣地っぽい感じが出る。

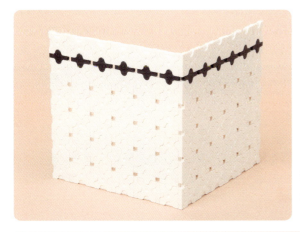

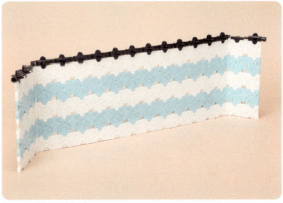

横に長い幕は幔幕と呼ばれる。LaQは長くつなげると曲がりやすくなるが、ハマクロンシャフトを使うと、それを防止できる。

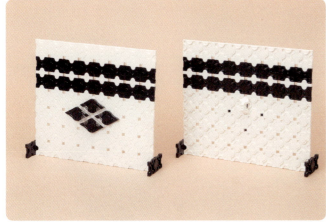

武田菱と呼ばれる武田家の家紋を入れた陣幕。クリアパーツを使って形を作り、スリットにかませている。

丸に十文字は島津家の家紋。ジョイントと平面を組み合わせて作成した。

LaQ戦国ワールド

大将陣

一段高くした場所に、篝火と腰かけを配置して大将陣らしい場所を作った。

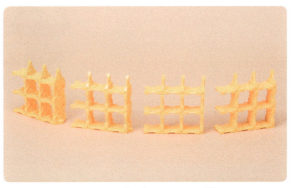

馬防柵

馬が飛び越しにくいように竹を組んで作った柵。この後ろから鉄砲や弓、長槍で攻撃する。

家紋はそれらしければいいと思うぞい。スケールを合わせて細部は省略するのじゃ。

ワンポイント 鎧兜の武将を作ったら、背後に陣幕を張ってみよう。それだけでも立派な合戦の1場面に見えるのだ。

忍者を作る

戦国の世に活躍したのは武士だけではないのじゃ！

忍者
素っ破、乱波などとも呼ばれ、敵への間者として活躍した者のこと。戦国時代には敵対する勢力に忍び込み、諜報や謀略、暗殺、破壊活動をもって戦力を削ぐ役割を担った。女性の忍者はくノ一と呼ばれる。その後、秘密の養成施設があり、超人的な身体能力を持ち、忍術と呼ばれる超能力を使うなど、フィクションとしてのキャラクター性が生まれ、海外でも知られるようになった。

忍者（忍刀）
闇に紛れ敵陣に忍び込むため黒装束。素早く動くために武器は背中に忍刀を背負っていたとされる。

忍者（手裏剣）
手のなかに忍ばせられるサイズの投擲武器、手裏剣には毒が塗られ、要人の暗殺に使われたという。

忍者（忍術）
手で印を結ぶことにより集中力を高め、常人では使えない不思議な術「忍術」を使ったとされる。

ワンポイント 火遁の術、水遁の術、分身の術、口寄せの術などなど、LaQで表現すると面白そうな術はたくさんある。

物語のなかの忍者

忍者が活躍する物語は、江戸時代からあるのじゃ。

児雷也（自来也）

大もとは中国に実在した盗賊「自来也」の逸話からとされる。江戸時代には、それを元にした創作読本が作られ、妖術を使う義賊として描かれた。江戸時代末期には『児雷也豪傑譚』という物語で「児雷也」は蝦蟇の妖術を使う忍者として描かれ、その後、小説、絵画、歌舞伎など、多くの創作物に登場する人気キャラクターとなる。

児雷也
児雷也は大蝦蟇を操り、自身も大蝦蟇に変身する。忍者ヒーローの元祖のひとり。

元々架空の創作キャラクターなので、細かい設定は自由にアレンジしていいだろう。

蝦蟇のお腹側には隙間がある。見えないところに隙間を作るとモデルが安定するのだ。

悪代官の悪だくみ
江戸時代には政敵を失脚させるための情報収集に隠密と呼ばれる忍者の末裔が暗躍した……というシーン。

商人と悪代官が悪だくみをしているところを忍者が内偵しているぞい。テレビの時代劇でよく見るシーンなのじゃ！

ワンポイント 忍者は LaQ で再現しやすいモチーフだ。忍者ロボや忍者戦隊、秘密メカなど、想像を膨らませてみよう！

47

歴史上の人物を再現しよう！

慣れてくると、その人にしか見えなくなるのじゃ！

甲斐の軍神！武田信玄

戦国時代の名将、武田信玄をLaQで再現したぞい。イメージがしっかりと残っている武将なので、再現しやすいのじゃ。

武田信玄

甲斐(山梨県)の大名。家督を継いだのち、信濃(長野県)に進出。越後(新潟県)の上杉謙信と川中島で激戦を展開した。1572年に京都へ向かう途中に発症し、1573年に信濃駒場(長野県阿智村)で病死。「風林火山」の旗印が有名。

後世に名将として名を遺す信玄は、その姿を描かれることが多く、特に獣毛が付いた兜と立派な鎧、軍配を掲げた姿が印象に残る。ひげを蓄え、勇ましいポーズを取らせて再現しよう。

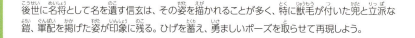

ワンポイント 特定の人物を作るには特徴を見つけることが大切。表情、服装、ポーズ、一番有名な姿などを考えよう。

越後の虎！上杉謙信

上杉謙信

越後（新潟県）の大名。1561年に関東管領となる。甲斐（山梨県）の武田信玄、相模（神奈川県）の北条氏康と対立し、激闘を繰り広げた。晩年は北陸に進出してきた織田信長とも対立したが、1578年に急死。「毘」の旗印が有名。

信仰深かった謙信は、頭に布を巻いた僧兵然とした出で立ちが後世に残っている。第四次川中島の戦いで信玄の陣へ乗り込んだ姿を、馬を立たせることでダイナミックなポーズにしてモデル化している。

馬を立たせることで全体に緊迫感が出ておるじゃろ。このモデルのポイントは馬のポージングなのじゃ！

LaQ戦国ワールド

武田信玄 vs 上杉謙信
川中島の戦い

宿敵といえる信玄と謙信が対峙した、歴史に残る瞬間じゃ。

武田軍の陣幕には武田菱が。ほんのワンポイントだが、シチュエーションを効果的に表すパーツ。

武田信玄と上杉謙信が直接斬り結んだとされる第四次川中島の戦いを再現した。謙信は単騎で敵陣に乗り込んだというが、かなりの乱戦だったともされている。

ワンポイント ジオラマの配置や演出は、史実や物理法則にとらわれずに効果的なものをチョイスしていきたい。

戦国の魔王！織田信長

逸話にこと欠かない信長は戦国武将のなかでも再現しやすい武将じゃ。ダンディーな感じにしたいのう。

織田信長

戦国の魔王。1560年に今川義元を桶狭間で破り、斎藤・浅井・朝倉氏などを次々と滅ぼした。さらに将軍足利義昭を追放し、甲斐(山梨県)の武田勝頼を撃破したのち安土に築城。1582年に京都の本能寺で明智光秀の謀反にあい自刃。

信長が手にしているのは火縄銃。「長篠の戦い」における重要なアイテムなので、あえて信長に持たせて個性として表現している。

実は実際に身につけていたという記録はないが、イメージとして定着している西洋甲冑とビロードのマントを装備させた。

戦国武将の出で立ちは後世の創作が多いのじゃが、それもまた良しなのじゃ!

ワンポイント 歴史上の人物はイメージが歪曲されていることも多いが、LaQで作るならそれをさらに誇張させたい。

戦国一の出世顔！豊臣秀吉

豊臣秀吉

農民出身とされる戦国の猿。織田信長に仕えて数々の武功を挙げた。信長死後、明智光秀と柴田勝家を撃破し、さらに四国・九州・関東・東北を平定して1590年に天下統一。朝鮮へ二度出兵するが、戦果が上がらないまま1598年に病死した。

信長のモデルの隣に置くからこそ、秀吉の猿顔が生きてくるのじゃよ。

このころは信長に「猿」とあだ名をつけられ、かわいがられていた時期なので、信長よりも小柄で顔もそのまま猿にしている。見る人が見ればわかるタイプのデフォルメ。

鉄砲隊 vs 騎馬軍団
長篠の戦い

写真に撮ったときの迫力を考えてモデルを配置したのじゃ。

写真に撮るとその迫力がわかる。鉄砲隊の勝利が史実なので、騎馬隊の迫力が勝るほどドラマチックなシーンになる。

鉄砲の威力を知らしめ、以後の合戦を変えたといわれている戦なだけに、鉄砲隊の活躍が感じられるジオラマにしたい。鉄砲隊と騎馬隊が激突する瞬間を狙ってモデルを配置した。

ワンポイント LaQ芸術祭に応募する場合や、SNSに投稿するときなど、写真映えを考えてモデルを作る場合もある。

海道一の弓取り！徳川家康

徳川家康

織田信長と結んで東海に勢力を拡大。信長死後は豊臣秀吉と対立したが、のちに従って関東を与えられた。関ヶ原合戦を経て1603年に征夷大将軍となり、江戸幕府を開く。1615年の大坂夏の陣で豊臣氏を滅ぼし、1616年に病死。

黒の鎧に陣羽織、兜の前立は歯朶（羊歯）の葉をかたどったもの。幕府の総大将に相応しい出で立ち。

陣羽織を着せたことで恰幅がよく見え、立派な大将陣に座らせたことで堂々とした雰囲気を出している。

征夷大将軍になったあとの家康なので70歳を超えていたのじゃ。あまり若く見えないように作ったぞい。

独眼竜！伊達政宗

宮城県の仙台城にある騎馬像が有名なので、そのままの姿でモデルを作れば、ほぼ伊達政宗とわかってもらえるはず。黒ずくめの鎧に巨大な三日月形の前立が光る、まさに"伊達男"だ。

伊達政宗

奥州の覇者。出羽米沢（山形県）を拠点に勢力を拡大したが、1590年に豊臣秀吉へ服従。秀吉死後は徳川家康に味方し、関ヶ原合戦・大坂の陣とも徳川方で戦った。仙台藩（宮城県）62万石の基礎を築き、1636年に病死。

実在の人物は、有名なビジュアルがあると再現しやすいのじゃ。伊達政宗はその典型じゃな。

ワンポイント 歴史上の人物を再現する場合、その人物が何歳くらいのときを再現するかも重要なポイントになる。

日本一の兵！真田信繁（幸村）

真田信繁（幸村）

豊臣秀吉に近仕。1600年の関ヶ原合戦では石田三成に味方して、父と共に上田城（長野県）で徳川勢を阻止。戦後は九度山（和歌山県）に追放されたが、1614年の冬の陣で大坂城へ入り、真田丸を築いて奮戦。翌年の夏の陣で戦死した。

真田幸村の名が有名だが、没後にその名が有名になってしまっただけで実際の名前は信繁。人気武将なので、とにかくかっこよく、特に馬をひと回り大きく細部にこだわって仕上げた。

戦国の武将は馬の装備にもこだわったのじゃ。きちんと再現すれば超かっこいいのじゃよ！

江戸幕府 vs 豊臣家
大坂冬の陣

全国から武将が集結した一大決戦をLaQで再現するのじゃ！

この本のなかでも最大級のジオラマ。劇的な一瞬を切り取ったシーンというよりも、一触即発の緊張感がテーマ。

大坂冬の陣は全国から武将が集まったスケールの大きな合戦。なので再現は緒戦の「真田丸の戦い」をイメージし、武将は徳川家康と伊達政宗、真田信繁（幸村）にしぼっている。

ワンポイント 今でこそ日常に馬がいる機会は少ないが、馬具、馬装、馬鎧など馬を飾るアイテムには長い歴史がある。

歴史の1コマを再現しよう！

扇の的

ここでは戦国からちょっと離れたテーマのジオラマを紹介するぞい。

時は源平合戦の時代。小舟に立てた扇を射落としてみよという平家の挑発に、弓の名手、那須与一が挑み、見事扇の要を射抜いたという。

那須与一

与一が馬に乗ったまま海に入り、扇の要を射抜く姿は、絵画として残されており、そのまま再現している。

那須与一

那須の地名が残る現在の栃木県に生まれ、幼いころから弓の腕が確かだったとされている。屋島の戦いで見事に扇を射落としたことから、源頼朝にその功績を認められ、荘園を拝領し、那須氏の家督を継ぐことになった。

諸国漫遊

テレビドラマで有名な水戸黄門（徳川光圀）の諸国漫遊シーン。有名なキャラクターなだけに、あまりデフォルメせず特殊な作りかたをしている。

徳川光圀

徳川家康の孫に当たり、常陸水戸藩（茨城県中部〜北部）の第2代藩主。水戸光圀、水戸黄門の別称で知られる。家臣を諸国に派遣し歴史書を編纂した功績と隠居後に藩内をよく巡視したことから諸国漫遊譚が生まれたが、全国を巡ったというのはあくまでフィクションとなる。

フィクションだがイメージが強くLaQに向いた題材。お供の佐々木助三郎（助さん）と渥美格之進（格さん）の2人は実在の人物ではない。

ワンポイント　『真田十勇士』『里見八犬伝』など、実在の人物をもとにしたフィクションは再現して楽しい題材だ。

徳川吉宗

江戸幕府第8代将軍。越前国(福井県)葛野藩主、紀州藩(和歌山県～三重県南部)第5代藩主を務めたのち、徳川宗家の養子となり将軍に就任。紀州藩では藩政改革に手腕を振るい、幕府でも享保の改革を実行し名君とされている。

テレビシリーズでイメージができているので、ぱっと見でわかってもらえるモデル。

市中視察 テレビドラマの主役にもなった人気の高い名君。上はドラマからイメージしたシーン。

花魁道中

和装はLaQで挑戦しがいがあるモチーフ。特に花魁の装いは、絢爛豪華であることを義務付けられているものなので、挑戦しがいがあるのではないだろうか。

黒塗り3枚歯の高下駄で、踏み出す足を外へ回すように歩く。

花魁
江戸幕府が公認していた花街、吉原遊廓における上位クラスの遊女のこと。花魁道中は花魁が、お供をつれて花街のなかを練り歩く、いわばイベント的な意味合いが強いもの。

鼠小僧参上！ 茶屋の屋根に乗り、千両箱を抱えながら大見得を切る鼠小僧。実際の歴史上にあった場面というよりも、歌舞伎や演劇の一幕といったモデル。

鼠小僧次郎吉

江戸時代後期に大名屋敷を専門に荒らしまわった実在の盗賊。権力者の屋敷ばかり荒らしていたので、庶民の味方というイメージがつき、歌舞伎や小説の題材となったことで、貧しいものへお金を配っていたなどの誤解が定着した。

LaQ戦国ワールド

ワンポイント 実在の人物にはフィクションを盛り込みにくいが、すでにフィクションがあるなら自由に発想を足せる。

幕末の偉人を作る

ここからは幕末に活躍した人物の再現に挑戦していくぞい!

幕末と維新

江戸幕府が支配した時代の末期を「幕末」と呼び、薩摩藩と長州藩を中心とした倒幕運動から明治政府による天皇親政体制への転換期を「維新」と呼ぶ。時期としては、1853年のペリー来航から1867年の大政奉還を経て、廃藩置県が断行された1874年までを指すこともある。

薩摩藩

江戸時代には、薩摩・大隅(鹿児島県)と日向(宮崎県)の一部73万石余を島津氏が治めた。西日本最強の軍隊を持つ。島津氏の家紋は「丸に十字」。

島津家家紋

桜島

LaQ戦国ワールド

西郷隆盛
島津斉彬の側近として国事に奔走。倒幕派の中心となり、戊辰戦争では江戸城を無血開城させた。西南戦争に敗れ自刃する。

大久保利通
倒幕派の中心人物で、薩長同盟を推進した。維新後は版籍奉還・廃藩置県を断行し、明治政府の指導的役割を果たした。

島津久光
兄の斉彬死後、子の忠義が藩主となってから藩政の実権を握り「国父」と呼ばれた。藩内尊攘派を弾圧して公武合体に奔走する。

小松帯刀
薩摩藩家老。大久保利通らと藩政改革を推進し、1866年には西郷隆盛と共に長州藩の木戸孝允らとの間で薩長同盟を結んだ。

ワンポイント 幕末の有名人は写真が残っていることが多い。人物写真をLaQで立体にする実例として見てほしい。

西南戦争を再現！

ここでは西南戦争のなかの熊本城をめぐる攻防をテーマにしてジオラマにしたぞい。

熊本城の攻防
明治政府への反乱を起こした西郷軍は政府軍が立てこもる熊本城を包囲し陥落を試みる。だが50余日にわたる攻防戦を経ても堅城として名高い熊本城は崩せず、結果、西郷軍は鎮圧されて士族の反乱は失敗に終わる。

西南戦争
熊木城にこもっていた政府軍は、性能で勝る大砲や小銃などを配備していたという。

帝国陸軍兵上官
政府軍は最新武装で洋装の近代的な軍隊を組織していた。上官の帽子はピースをらせん状に組んで模様をつけている。

モデルを並べただけともいえるが、状況を伝えるビジュアルがあるのは大切なのじゃよ。

帝国陸軍兵
一般兵と上官で軍服のデザインを変えている。心なしか一般兵のほうが緊張しているように見える。

LaQ戦国ワールド

ワンポイント 個々のピースを集めて象徴的なビジュアルを作ることで、イメージは相手に伝わりやすくなる。

長州藩

江戸時代には、長門・周防国(山口県)の36万石余を毛利氏が治めた。幕末には尊王攘夷運動に傾倒し多くの人材を生んだ。毛利家の家紋は「一文字に三つ星」。

毛利家家紋

松下村塾

LaQ戦国ワールド

吉田松陰
萩で松下村塾を開き、高杉晋作や久坂玄瑞、桂小五郎、伊藤博文ら多くの人材を育てた。安政の大獄で1859年に死罪となる。

高杉晋作
松下村塾に学び、1863年に奇兵隊を結成。長州藩を倒幕へと導き、第二次幕長戦争では全藩を指揮して幕府軍を撃破した。

桂小五郎
木戸孝允の名もある。神道無念流を極めた剣豪。西郷・大久保らと薩長同盟を結び、政治手腕も高く評価されていた。

久坂玄瑞
松下村塾に学んだ英才で吉田松陰の妹と結婚。尊王攘夷運動の急進派で、1864年の禁門の変で負傷し、25歳で自刃する。

大村益次郎
帝国陸軍の創設者。大坂の適塾で蘭学を修めて医師となる。のちに長州藩で兵学を講じ、戊辰戦争では官軍を指揮した。

伊藤博文
松下村塾に学び、維新後に政治家としての手腕を発揮した。明治政府の重鎮として活躍し、初代内閣総理大臣となる。

吉田松陰の私塾、松下村塾から多くの傑物が誕生したのじゃ。

ワンポイント 丸い顔と細い顔を使い分けるなど、表現方法のストックがあると、モデルを作るときに役に立つぞ。

土佐藩

江戸時代には、土佐一国(高知県)24万石余を山内氏が治めた。幕末における公武合体運動の中心となり活躍する。山内家の家紋は「丸に三つ細柏」。

山内家家紋

高知城

中岡慎太郎
坂本龍馬と共に薩長同盟の締結に奔走し、倒幕運動に傾倒する。陸援隊を組織した坂本龍馬の親友。

武市瑞山
剣の達人。土佐勤王党の首領で、土佐の藩論を尊王攘夷に導いたが、弾圧を受けて投獄される。

後藤象二郎
土佐藩政の最高責任者・参政を務め、藩主山内容堂に大政奉還の建白をさせた。坂本龍馬の親友。

板垣退助
戊辰戦争では総督府参謀。1874年に民撰議院設立建白書を提出し、のちに自由民権運動を指導した。

岩崎弥太郎
維新後は大久保利通などと結び、海運業を独占し三菱財閥を創設する。坂本龍馬の親友。

LaQ戦国ワールド

岡田以蔵
幕末の人斬り。土佐勤王党に参加し、京都で多くの暗殺事件に関わる。勝海舟の護衛をしたこともある。

山内容堂
土佐藩主。公武合体運動に尽力し、第15代将軍徳川慶喜へ大政奉還の建白を行った。酒好きで知られる。

ワンポイント LaQで人物を作ったら、4コマ漫画やストップモーションアニメなどに活用してみよう!

坂本龍馬を作ろう！

幕末の偉人で一番人気といえば坂本龍馬じゃろうな！

坂本龍馬　176ピース + 3ピース

■176ピース

パーツ	No.1	No.2	No.3	No.4	No.5	No.6	No.7
ピンク	5	3			4	2	
茶	9		4			8	4
白	2	1					
グレー	8	6	10	2	16	10	
黒	16	21	8	7	16	18	12

ハマクロンシャフト	ハマクロンミニシャフト
2	1

有名な龍馬の写真を、そのままモデルにしたのじゃ。龍馬ファンならぜひ飾ってくれい。

坂本龍馬

土佐藩郷士の生まれで、実家は裕福な商家。剣の腕前は北辰一刀流免許皆伝。当初、開国論に不満を持っていたが幕府軍艦奉行・勝海舟に出会い、その思想に感服。海軍の増強を図り奔走するうちに薩長同盟、大政奉還などの実現に尽力。大政奉還成立の1か月後、何者かに暗殺され、その生涯を閉じる。倒幕、維新に大きな影響力を及ぼした幕末の英雄と評される。

何点か残っている龍馬の写真のなかでも、有名な写真なのではないだろうか。リラックスしたポーズが龍馬らしさを感じさせる。

ワンポイント　龍馬らしさを出しているポイントは、ポーズと服装、ヘアースタイルだ。

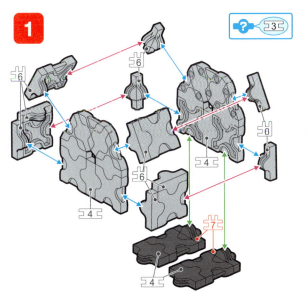
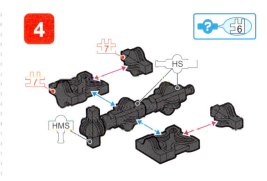
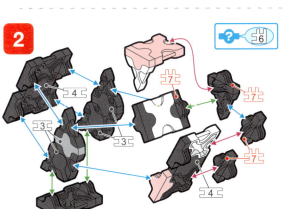
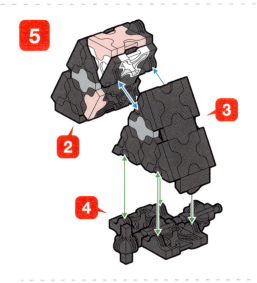
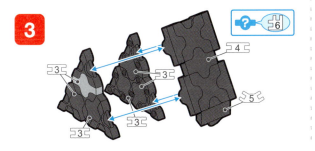
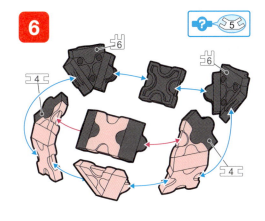

初出はLaQNEWS

坂本龍馬の作りかたは、『LaQ NEWS』に掲載されLaQフェスタで配布されたことがある。見たことがない人も多いだろう。

『LaQ NEWS』とは、LaQのニュースが載っているチラシのことじゃ。

ワンポイント　LaQフェスタなどの大きなイベントでは、その会場限定のお知らせなどが配られることもあるぞ！

一緒に作るなら…

楢崎龍

坂本龍馬の妻。龍馬が懇意にしていた旅館、寺田屋で龍馬が襲われた際、機転を利かせて龍馬を逃がしたり、刀傷の療養を兼ね九州まで日本で最初の新婚旅行に行くなど、龍馬とのエピソードは数多い。

ワンポイント　龍馬と一緒につくるなら妻である楢崎龍はどうだろうか。日本初の新婚旅行を再現してみよう。

新撰組
幕府が京都での反幕府勢力を取り締まるため編成した武装集団。京都守護職の松平容保（会津藩主）の支配下にあり、京都市中の治安維持や尊攘派浪士の鎮圧にあたる。1864年6月の池田屋事件での大活躍で有名になった。「誠」の一文字が旗印。

当時は悪名が高かったが、今では歴史好きにファンが多いのじゃ。

近藤勇
新撰組の局長で天然理心流の達人。池田屋事件では自ら斬り込み、京都市中に勇名を轟かせた。

土方歳三
鬼の副長と恐れられた天然理心流の達人。戊辰戦争では各地を転戦し、函館五稜郭の戦いで戦死した。

沖田総司
一番隊組長を務めた天然理心流の天才美剣士。池田屋事件で大活躍した。肺病のために24歳で死去。

永倉新八
二番隊組長を務めた神道無念流の達人。戊辰戦争では各地を転戦したが、戦後は小樽で剣道を教えた。

斎藤一
三番隊組長を務めた剣豪。維新後は警察官になり、西南戦争では政府軍の兵として参戦している。

原田左之助
十番隊組長を務めた槍の達人。主な新撰組の戦いにほぼ参加した。1868年の上野戦争で負傷し死去。

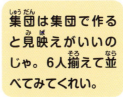

集団は集団で作ると見映えがいいのじゃ。6人揃えて並べてみてくれい。

LaQ戦国ワールド

ワンポイント 新撰組は、それぞれ違うポーズで武器を構えている。そのほうが並べたときに見映えがいいのだ。

江戸幕府

1603年に徳川家康が江戸に開いた武家政権。地方の国力を削ぐ政策が成功し、大きな戦乱が起きずに、1867年の大政奉還まで15代265年続いた。

徳川家家紋

江戸城

内戦を起こさずに徳川政権を終わらせたのは、彼らの尽力のたまものなのじゃ。

徳川慶喜
最後の将軍。1867年に大政奉還をして将軍職を辞す。江戸城開城後は駿府(静岡県)で謹慎した。

篤姫
薩摩島津家の分家に生まれ、第13代将軍徳川家定の正室となる。幕府崩壊時の大奥の責任者。

勝海舟
坂本龍馬の師匠。1860年に軍艦咸臨丸を指揮して渡米。幕府側代表として西郷隆盛と会見し、江戸無血開城を実現した。

榎本武揚
幕府海軍副総裁。戊辰戦争では幕府艦隊を率いて北上し、箱館に「蝦夷共和国」樹立を宣言した。五稜郭の戦いで降伏。

陸奥宗光
坂本龍馬の海援隊に参加。維新後は外務大臣を務め、カミソリ大臣の異名をとる。紀州藩出身。

LaQ戦国ワールド

ワンポイント 人物を再現するには、人物のことをよく知る必要がある。まずはどんな人物なのかよく調べてみよう。

城を建てよう！

LaQでお城を作ってみよう！威風あふれる城郭を再現するもよし、特徴をとらえてコンパクトに再現するのも面白い。

飾って遊んで楽しもう！

「城を築く」というだけでワクワクするじゃろ？

戦国時代の山城を作る

戦国時代のお城といえば、領土を支配するため、山などの攻められにくい地形に拠点を作るという目的が大きかったのじゃ。

山城

戦国時代は敵から攻められにくい場所に拠点を作るのが一般的で、それを山城と呼んだ。谷がお濠となり、崖を石垣とし、大規模な土木工事は必要ないが、そのぶん建物は簡素になる。後世には残りにくく、現在では城跡としてわずかに痕跡を残すものがほとんどだ。

山城

山城の建物は簡素なことが多いので、山城をモデル化するなら地形ごとのモデル化がいい。

とにかく入り口はせまく、道は細く、殺到する敵を攻撃しやすいように櫓を立て、全体を塀で囲む。

天然の地形を利用して、土や岩を積み上げるのではなく、削って守りやすい地形を作るのだ。

LaQ戦国ワールド

ワンポイント 地形ごとLaQで作るのは、なかなかたいへんなので、地形は段ボールなどを利用してもいいだろう。

近世の城郭を作る

お気に入りのお城の再現に挑戦するのもいいが、まずは自分なりの小さな城を作ってみるといいぞい。

近世城郭

戦国の世を経て、城には軍事上の拠点というだけでなく、権威の象徴という価値観が加わる。城には建物の高さや造りの美しさという新たな付加価値が求められるようになった。

お城 名城とされる城は大きく、複雑で美しい。細かいところまで再現するのはとても大変なので、まずは小さく作ってみよう。

天守閣だけ再現するなどでもいいが、ある程度、周りまで作ったほうが楽しい。

天守だけ作る場合でも、城らしく見せるには、このくらいの大きさは必要。

お濠をぐるっと一周させた簡易な本丸モデルの作例。これだけでも作るのはそれなりに大変。

ミニ城作例❶

江戸城

現在皇居がある江戸城跡地での最初の築城は1457年。その後、徳川家康が幕府を開き、改築と火災による焼失を重ね、関東大震災の被害を機にすべて解体された。

本体にピースを詰め込んで、屋根を重ねるという構造じゃ。

江戸城 最盛期の本丸は5重5階地下1階であったが、火災で焼失してしまう。

ワンポイント お濠や塀で囲んだ部分を曲輪（丸）と呼び、天守閣がある曲輪が本丸と呼ばれる。

左ページのお城よりも、やや大きくしたモデルなのじゃ。

もう少し地面を広くとって濠の縁に塀を作ったほうが城らしさは増すだろう。

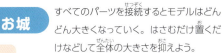

お城

すべてのパーツを接続するとモデルはどんどん大きくなっていく。はさむだけ置くだけなどして全体の大きさを抑えよう。

濠や曲輪などをLaQで作るのは楽しいが、パーツがとにかく必要。

壁と屋根の面を合わせるために、天守閣は複雑な接続方法にしている。

天守閣や正門、小屋などをいろいろな場所に配置して箱庭風にあそべる。

LaQ戦国ワールド

ミニ城作例❷

高知城
高知県高知市に現在でも天守閣が残る元土佐藩庁の城。天守は4重6階。本丸の建造物が日本で唯一完全に残っており国の重要文化財に指定されている。鷹城の別名がある。

高知城

3階層に詰め込みをして、ちょうどいい部分に屋根を接続している。

ミニ城のモデルなので、千鳥破風と唐破風は省略しておるのじゃ。

ワンポイント　お城を作るだけでなく、完成品を飾るだけでなく、全体のデザインをする遊びができないか考えてみた。

67

熊本城を作ろう！

LaQで天下の名城を作るのに挑戦してくれい。

熊本城

1975ピース ＋ 4ピース

とにかくピースはたくさん使うが、ぜひ完成の喜びを味わってほしいぞい。

■ 1975ピース

パーツ	No.1	No.2	No.3	No.4	No.5	No.6	No.7
茶	154	18	43	71	2	69	14
白	59	15	14	28		37	12
グレー	139	310	372	94	34	58	15
黒	151	23	103	52		69	19

ハマクロンシャフト 4

熊本城データ

所在地：熊本県熊本市中央区本丸
アクセス：JR鹿児島本線熊本駅より熊本城周遊バス
形状：梯郭式平山城、連結式望楼型、大天守は5重6階地下1階、小天守は3重4階地下1階
築城：加藤清正により1607年築城
国の重要文化財：宇土櫓をはじめ監物櫓（長岡図書預櫓）、平櫓、五間櫓、北十八間櫓、東十八間櫓、源之進櫓、四間櫓、十四間櫓、七間櫓、田子櫓の各櫓、長塀（全長約242m）、不開門

ワンポイント　公式な設計図があるモデルのなかでは、LaQの歴史のなかでも最大級のモデルだ。

熊本城の歴史

1588年、加藤清正が隈本城に入り、石垣普請や天守作事が始まる。1606年、城の完成を祝い「隈本」を「熊本」と改めた。その後、後継となる細川氏の治世下で江戸時代を通じて拡張を続ける。明治10(1877)年、西南戦争で西郷軍の重要攻略目標となり、原因不明の出火で大小天守などの建物を焼失。政府軍は籠城策をとり西郷軍を撃退。以後、天災による被災と修復を繰り返し、平成28(2016)年熊本地震で石垣や建造物に甚大な被害を受ける。熊本城全体の修復は20年で終える目標が立てられている。

難攻不落の堅城で知られ、大小2つの天守が織りなす外観の美しさなど名城と呼ぶにふさわしい城。

LaQ戦国ワールド

本物の熊本城の雄大で荘厳な美しさを、できるだけ細部まで再現しているのじゃ！

ワンポイント できるだけ色は揃えてほしいが、とりあえずある色で作ってみるというのもいいだろう。

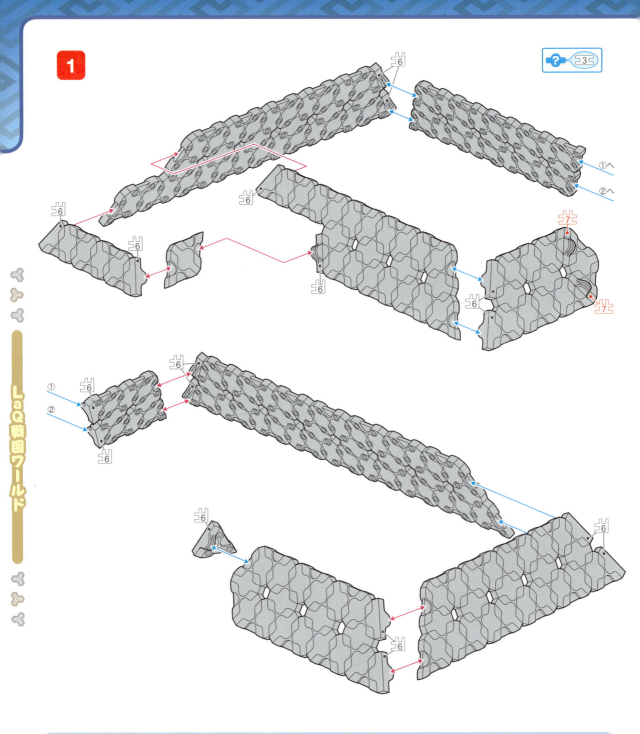

熊本城の石垣

モデルでは石垣の高さを合わせ、勾配も均一だが、熊本城の石垣は「扇の勾配」「武者返し」などと呼ばれるほど勾配がきつく、美しい曲線を持ち、高さも場所によってバラバラだ。

● 1〜8で使用するピース

パーツ	No.1	No.2	No.3	No.4	No.5	No.6	No.7
茶	54		7	35		20	12
白							
グレー		159	175			17	2
黒							

ワンポイント LaQの場合、4面から均等に勾配をきつくしていくのはとても難しい。どうしても隙間が空いてしまう。

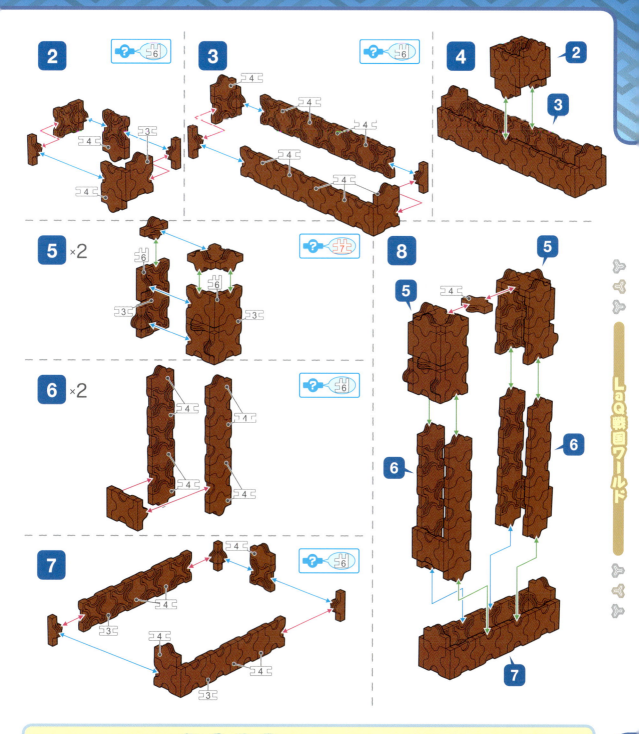

内部構造

内部は上から見て四角い枠が多くなるような構造にして、上からの重みに耐えられるようにしている。

天守の中央に大黒柱代わりのパーツがあり、天井を支えているのじゃ。

ワンポイント 柱や梁は茶色で統一している。ここはどんな色にしてもいいが、統一しておいたほうが美しい。

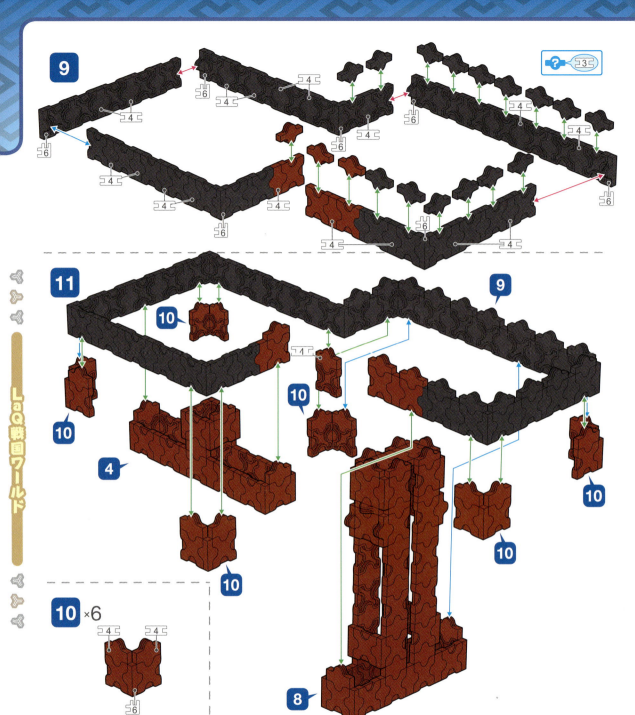

LaQと在来工法

ブロックを積んでいく西洋建築と異なり、LaQのシステムは柱と壁で強度を出していく木造在来工法に近い。純日本製のLaQは日本建築を再現するのに、とても向いているのだ。

●9〜13で使用するピース

パーツ	No.1	No.2	No.3	No.4	No.5	No.6	No.7
茶	20	3	8	15		6	2
白							
グレー	21	3	21	4			2
黒	36		24	16		9	

ワンポイント LaQで和風建築物を作るときは、在来工法を参考にするといい。土台を組んで柱を立てて梁を張って…。

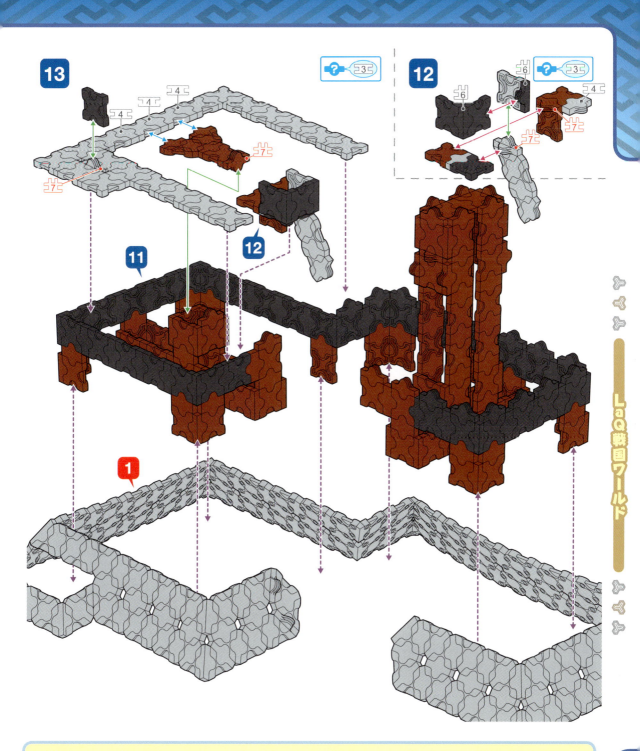

LaQのしなり

と で組んだ石垣 **1** はよくしなるので、広げて土台部分 **11** をくるむようにして取り付けよう。

LaQはジョイントのわずかな遊びでパーツがよくしなるのじゃよ。

ワンポイント　LaQのジョイントのわずかな遊びを上手に使えば、しならせたり、ゆがませたりとモデルに応用できる。

14

15

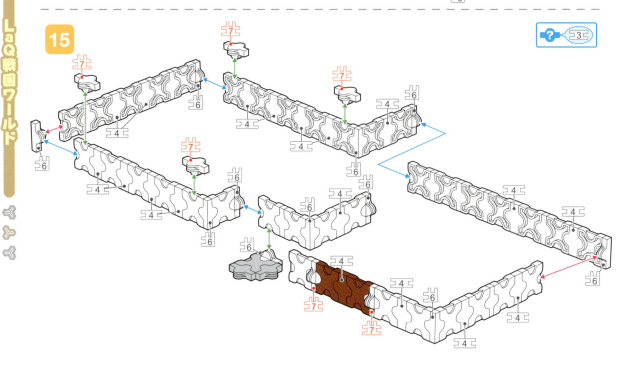

白い壁と黒い壁

城の壁には白か黒を使われることが多い。白は漆喰塗りで美しく火に強いがコストがかさむ。黒は黒漆の板張りで、耐久性があるのでコストがかからない。どちらも一長一短ある。

●14〜24で使用するピース

パーツ	No.1	No.2	No.3	No.4	No.5	No.6	No.7
茶	19		5	5		13	
白	36		8	17		13	6
グレー	24		8	7	2	5	2
黒	57		41	19		32	4

ワンポイント　白が美しい城といえば姫路城や名古屋城。黒が美しい城といえば松本城、松江城、岡山城などが挙がる。

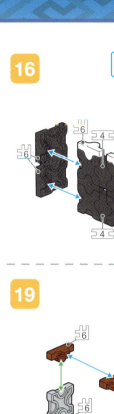

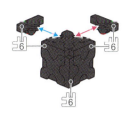
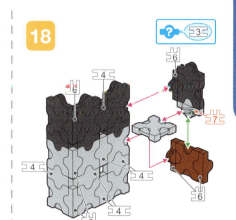
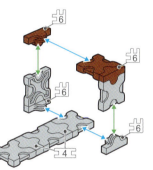
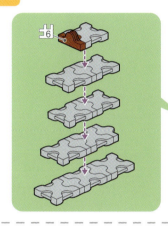
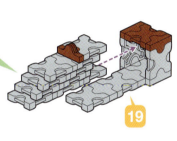
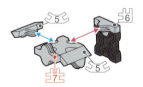
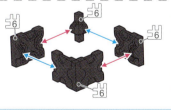
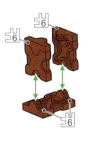
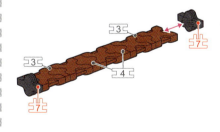

詰め込みの階段

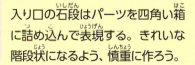

入り口の石段はパーツを四角い箱に詰め込んで表現する。きれいな階段状になるよう、慎重に作ろう。

きれいな階段を作るのは、それなりに難しいぞい。慎重に作ってくれい。

ワンポイント パーツを四角い箱に詰め込むのは「詰め込みテクニック」と呼び、いろいろな応用ができるテクニックだ。

接続しないパーツ

16 17 21 22 29 など、ほかと接続しないパーツに注意しよう。接続しないことでちょうどい い角度や位置になっているので、間違えてどこかに接続してしまうと破たんが起きる。

● 25〜29で使用するピース

パーツ	No.1	No.2	No.3	No.4	No.5	No.6	No.7
茶	16			8	2	4	
白	4		1			4	
グレー	4	19	14	6	2	4	
黒	4			9		2	

ワンポイント どこにも接続せずに、はさみ込んだり差し込んだりして見た目の配置を調整するのは高度なテクニックだ。

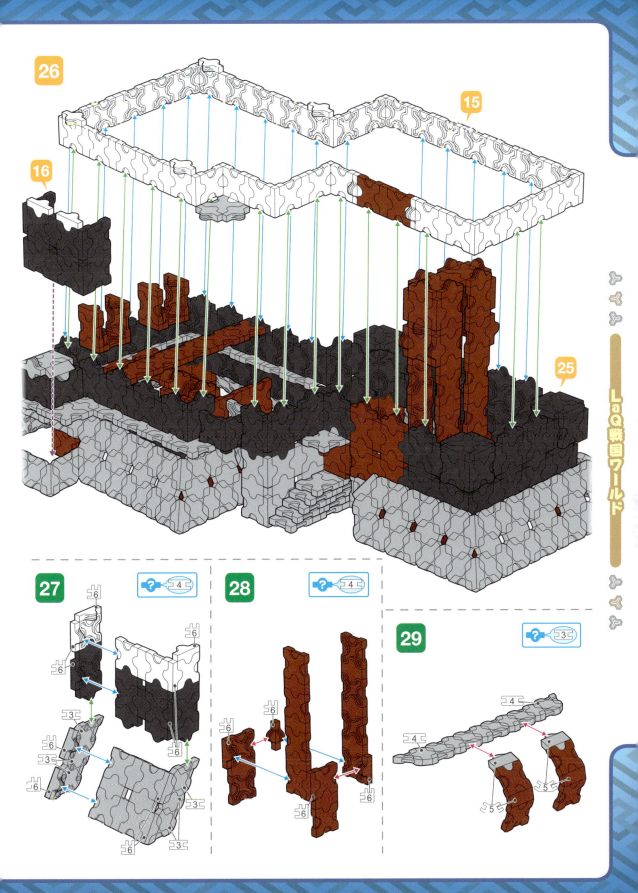

●30〜36で使用するピース

パーツ	No.1	No.2	No.3	No.4	No.5	No.6	No.7
茶	8	1		5		8	
白	3	6	2	1		6	2
グレー	49	37	56	38	12	7	3
黒	18	7	10	8		4	6

屋根の勾配

LaQのピースが持っている角度は60度、90度、120度の3種類。それ以外の角度を再現したいときは、ひと工夫が必要になる。29は枠に差し込むことで新たな角度を作っている。

LaQ戦国ワールド

ワンポイント　勾配は人間が直感的に情報を判断できる要素のひとつ。特に再現モデルの場合、なるべく正確に作りたい。

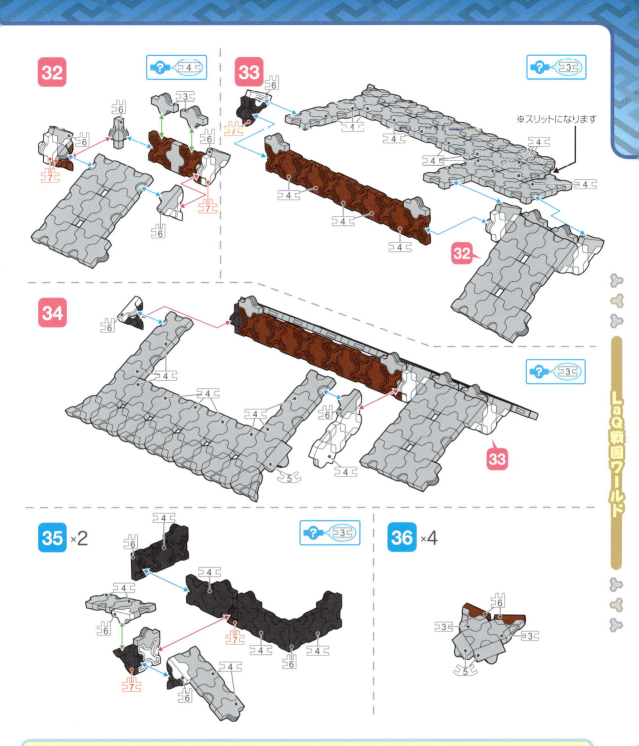

美しく見える秘密

熊本城の大天守と小天守は少し位置をずらして配置されている。高さとラインをずらすことで、バランスが良いとされる三角形の構図が常に生まれるのだ。

ワンポイント 曲輪の端に配置された天守なので、来訪者の視線をコントロールできる。美しさは威厳を生む要素なのだ。

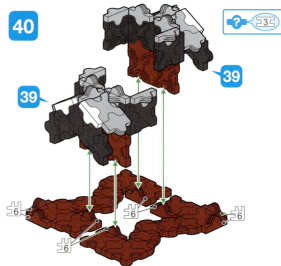

はさみ込んで固定する

36と40は、どこにも接続せずに、ほかのパーツで、はさみ込んで固定をする。36はちょうどいい屋根の突き出し幅になり、40は向きが違う大千鳥破風の固定に必要となる。

●37〜43で使用するピース

パーツ	No.1	No.2	No.3	No.4	No.5	No.6	No.7
茶	18	10	20		8		
白	16		2	8		8	2
グレー	4	18	18	4	4	4	
黒	8	8	8		4	4	

ワンポイント 模様にこだわると比率が破たんするのはよくあること。パーツをはさみ込むのはそれを避けるテクニック。

41 ×2

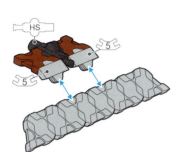

42

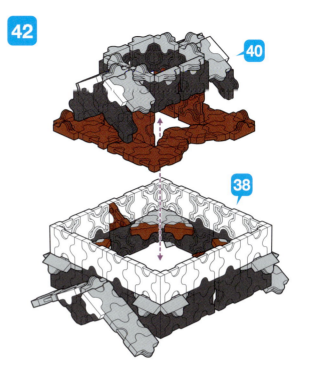

43

ハマクロンシャフトの応用

41でハマクロンシャフトを使う理由は、🔲幅の中心にパーツを垂直に接続したいからだ。

ここのハマクロンシャフトは**40**を押さえる役目もあるのじゃ。

ワンポイント ハマクロンシャフトは🔲幅のところにパーツを垂直に接続できるが、少しだけ高くなってしまうぞ。

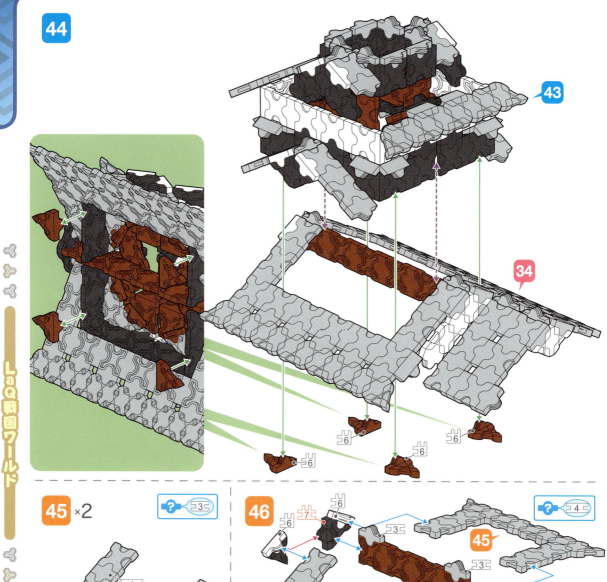

ストッパーで固定

44のように、形が違うパーツ同士をつなげるには、ジョイントでしっかり接続するよりも差し込む部分を作ってストッパーで抜けないようにすると手軽で見映えもよくなる。

●44〜52で使用するピース

パーツ	No.1	No.2	No.3	No.4	No.5	No.6	No.7
茶	6	4	2	2	4		
白		2			4		
グレー	12	18	22	4	4	6	2
黒	12	4	8			8	2

ワンポイント 四角い箱と丸いボールをつなげるなど、ストッパーで接続する方法は、とても応用ができるテクニックだ。

47

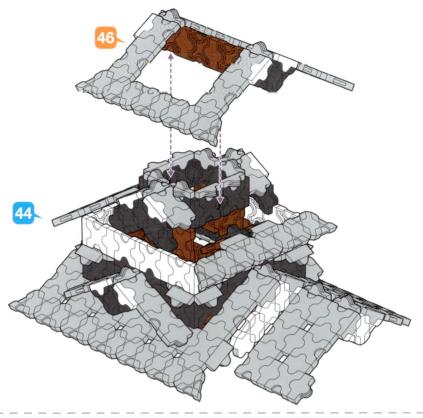

48 ×2

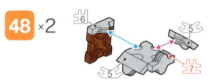

49

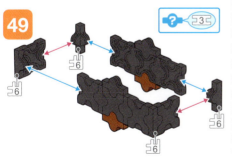

50

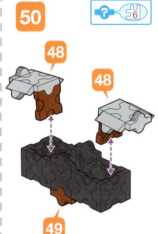

51

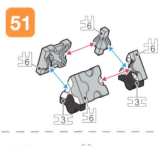

52

摩擦で固定

44はストッパーで固定するが、46と48はストッパーを使わずに、それ自体の摩擦だけで固定する。飾っておくものなら問題なく使えるテクニック。

ワンポイント 摩擦でパーツを固定するなら、上から差し込む形にしたい。それならば重力で抜けてしまうことがない。

LaQ戦国ワールド

ワンポイント 55で土台31に大天守47を載せるときは、2本の柱が大天守中央の仕切りの両側を通すようにしよう。

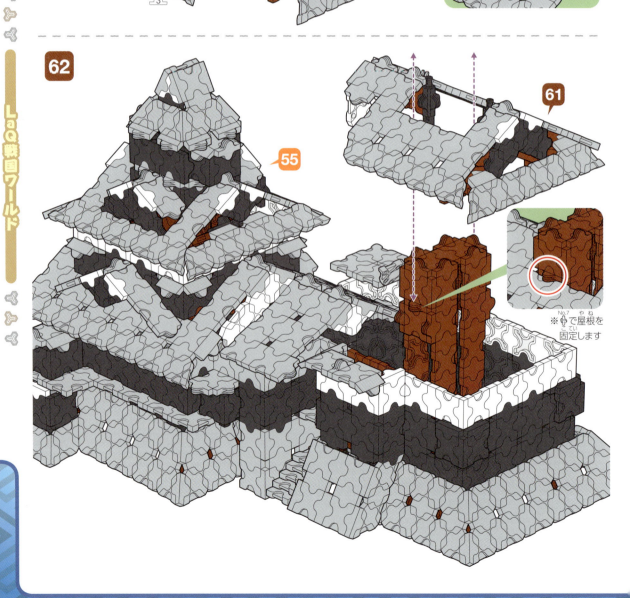

86 ワンポイント 大天守の大屋根と小天守の大屋根は一部がかみ合うようになっている。忘れずにかみ合わせること。

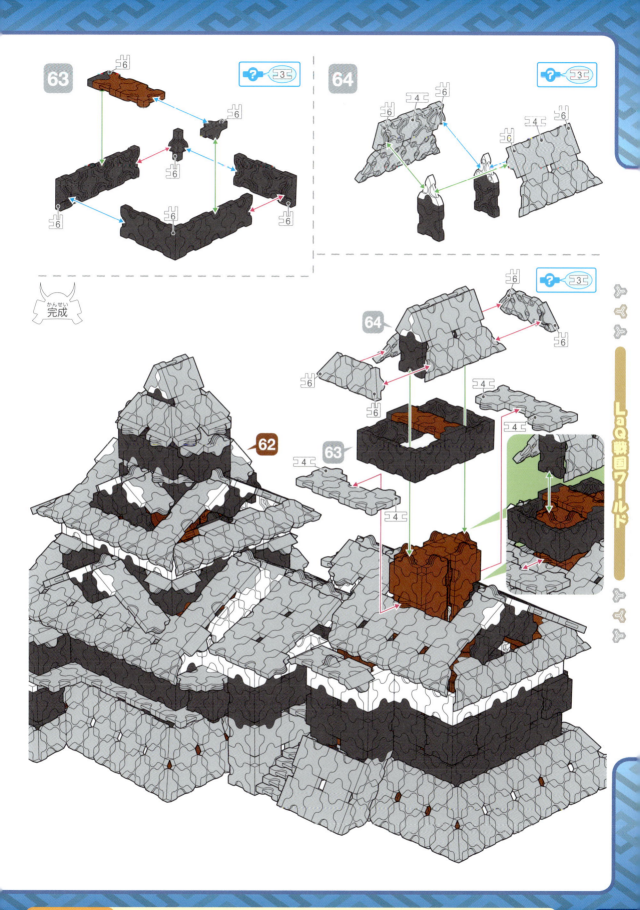

熊本城の構造

熊本城の装飾は外観と防衛機能を両立させたものが多いのじゃ。ざっと解説しておくぞい。

鯱 / 大天守 / 5重 / 4重 / 唐破風 / 大千鳥破風 / 入母屋破風 / 3重 / 2重 / 1重 / 鯱 / 小天守 / 3重 / 2重 / 1重 / 唐破風の出張り

LaQ戦国ワールド

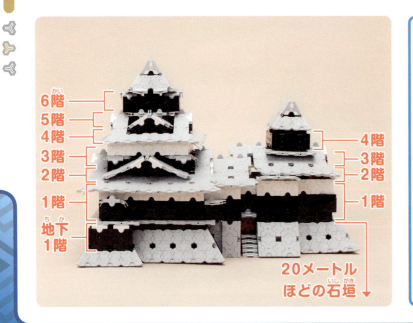

6階 / 5階 / 4階 / 3階 / 2階 / 1階 / 地下1階 / 4階 / 3階 / 2階 / 1階 / 20メートルほどの石垣

熊本城の構造

城の外観の面白さは、屋根の組み合わせによるところが大きく、熊本城も例外ではない。大天守の四方それぞれ上下二段に並ぶ、東西の大千鳥破風と南北の入母屋破風は、黒い壁に浮かぶ白い三角がコントラストとなり、シャープな印象を与える。破風とは屋根がある三角形の部分のことで、外側には壮麗な飾りがつくが、内側にある「破風の間」は城外への射撃スペースとなっており、外観と防衛機能を両立させる。壁面には防衛手段として多くの石落としが備えられているが、それも外観に変化を与え、機能美としての面白さがより向上している。

ワンポイント 城の外観は屋根の組み合わせが複雑であるほど面白いといえるが、再現する場合は苦労するポイントとなる。

鯱を取りつけよう

鯱は城の屋根に飾る火事除けの縁起物。右の鯱を綺麗に切り抜いたら、天守閣の屋根に差し込もう。

小天守用鯱

大天守用鯱

お城を作ったら鯱を取り付けるのじゃ。細かいので慎重に切ってくれい！

鯱の取りつけかた

❶大きく切る

まずは点線に沿って大きく切る。ハサミやカッターは注意して使おう。難しいと思ったら大人に頼んで切ってもらおう。

❷2つに折る

点線で大きく切ったら、尾びれのところで2つに折ろう。2つに折っておけば、裏も表も同じ形に切ることができる。

❸細かく切る

色が濃い部分に沿って慎重に切ろう。顔の下は細くなっているので、切らないように。切ってしまったら糊でつけよう。

❹差し込む

屋根の大棟にある隙間に、切った紙を差し込もう。失敗してしまったら次のページの見本をコピーしよう。

ワンポイント 切り抜き用の鯱はとても小さいので失敗しやすい。自信がなかったら、取りつけなくてもいいだろう。

こっちは金の鯱じゃ。名古屋城などを作るときに使ってくれい。熊本城の鯱はグレーだぞい！

予備鯱 ※失敗したらコピーして使おう！

鯱

「鯱」はインドから伝わった伝説上の生き物で、虎に似た頭を持つ魚に似た海獣。背中にはするどいとげがあり、尾は天に向かって反り返っているという。よく雨を降らせるという伝承があるため、建物が火事になったときに水を噴き出し火を消すといわれており、縁起を担いで金属製、もしくは陶器の置物が大棟の両端に取りつけられる。同じ「鯱」の漢字を使うが、海洋生物のシャチとは外見が大きく異なる。鴟尾というクツの形に似た屋根飾りに似ているので、そちらが大陸から伝わり変化したという説もある。

鯱

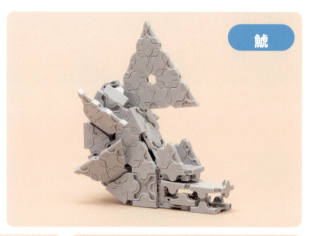

細部まで作り込んだ鯱のモデルを作ったぞい。このサイズに合う屋根を作るのは大変なので、そのまま飾ってくれい。

熊本城の鯱を参考にして作った。2つ作って電化製品の上などに飾っておこう！

胸びれと腹びれ、尾びれは、どれも接続せずに、はさみ込んで抜けないようにしている。魚のモデルを作るときのテクニック。

ワンポイント　予備の鯱は切るのを失敗したとき用だ。こっちは切らずにおいてコピーして使おう。色をぬってもいい。

熊本城を彩る

熊本城を作ったら、一緒に飾るものも考えてみるのじゃ!

春の熊本城

せっかく一緒に飾るなら、スケールを合わせたものを作りたい。樹木なら大きさの違和感が出にくいのでおススメだ。

熊本城といえば銀杏が有名だが、秋をテーマに紅葉を添えてみた。飾るのは自然のものばかりでなくてもかまわない。例えばショベルカーなど現代的なものも面白い。

秋の熊本城(現代)

紅葉

樹木を作るときは、上の写真のように四方に枝を伸ばすと、どの角度から見ても見映えがいい。

桜

桜は、できるだけたくさん作ると迫力が出る。No.3を立てれば人間にも見える。

松

松を作るなら枝ぶりをひと工夫させたい。思い切った枝の剪定をしてみよう。

怪獣や消防車、足場を組んで改修中など、どんなものを一緒に作るかはアイデア次第なのじゃよ。

ワンポイント 一緒に飾るものはLaQじゃなくても構わない。プラモデルやミニカー、お花などなんでもいい。

LaQ戦国ワールド

熊本城を解体するときの手順

❶ 大天守を外す

大天守を取りつけるときと同じように、四角い部分をしっかり握って、もぎ取るようにして外そう。

解体の手順は、一部が壊れてしまったとき、直すのに必要だからなのじゃ。

❷ 小天守を外す

❶と同様、小天守を取りつけるときと同じようにしっかりと握って、もぎ取るようにして外そう。

❸ 小天守の二重を外す

小天守の一重(大屋根)を留めている茶色の❻にはめているグレーのパーツが二重。写真をよく見よう。

❹ 小天守の一重を外す

小天守の一重(大屋根)をゆがませて、一重を留めている茶色の❻から外そう。力ずくで外さないこと。

❺ 大天守の一重〜四重を外す

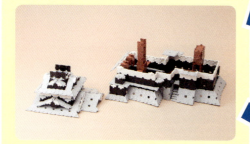

大天守の一重(大屋根)をもって持ち上げれば抜けるはず。外した一重〜四重は必要に応じて分解する。

❻ 石垣を外す

石垣はよく曲がるので、留まっている部分を外せば取れる。土台部分を少し持ち上げれば外しやすい。

とりあえず違う色で組んでいた部分を正しい色にするときなどにも役立つのじゃ。

ワンポイント どこかが外れてしまってもあわてないこと。手順通りに解体していけば、組み直すのも難しくない。

LaQ戦国ワールド

パーツが足りないときは！

内部をほかの色にする

熊本城の内部は土台と柱から作っていくので、視覚的に構造が理解しやすいように材木がイメージできる茶色で作っている。だが、ここは見えない部分なので、実は何色にしてもいい。青や緑など濃いめの色で代用しよう。

熊本城のモデルは4色しか使わないので、きっと足りない色ができるはずじゃ。そんなときにどうすればいいかを教えるぞい！

裏側にほかの色を使う

大きいモデルなので持ち歩いたりすることもないだろう。飾ったときに裏側になる階段がないほう（北側）は違う色にしてもいい。目立たない色をなるべく単色で使おう。

実際にありそうな色を使う

石垣の下段に水色を使う（水）、石垣の一部に黄緑（苔）や茶色（土）、オレンジ（土）を使う。屋根を白（雪）にする。など想像力を働かせて思い切った色の使いかたをしよう。

パーツを揃えるには！

足りないパーツの数を確認

まずは自分が持っているLaQのパーツがどれくらいあるかを調べてみよう。今回必要な色のパーツだけでいいので、それぞれのパーツごとに、いくつずつあるのかをちゃんと表にして書き出すことが大切だ。表ができたら68ページの表と比べて、それぞれのパーツの必要な数を把握しよう。熊本城作成に必要な白、黒、グレー、茶色の4色はとてもよく使うので、多めに買ってもいいだろう。

やっぱりオリジナルの色で作ってもらえると嬉しいぞい。買い足すにせよ、なるべく効率がいい買い足しかたをしてくれい。

補充用パーツの組み合わせを考える

フリースタイル50
同じ色の同じ形のパーツが50個入っているセット。50個以上ほしい場合はこっちを買う。

フリースタイル100

No.1	No.2	No.3	No.4	No.5	No.6	No.7
20	20	15	10	15	10	10

左の表の数ぶん、同じ色のパーツが合計100個入っているセット。

おそらく、No.1からNo.7まで、まんべんなく足りないというパターンは少ない。ピンポイントで大量に足りないことが多いだろう。フリースタイル50を買う数を先に考えよう。

購入するときは

フリースタイル50と100は、取扱店舗が限られているので、店舗に注文することになるはず。もし取り寄せができなかった場合は、取り扱いがない店舗でも頼んでみるか、ネット通販の活用も考えよう。

ワンポイント LaQの取扱店舗の情報は、LaQの公式サイトで細かく調べることができる。

イベント用大型モデル 大阪城紹介!

わしが展示用に作った超大型モデルを紹介するぞい

大阪城データ
所在地：大阪府大阪市中央区大阪城
アクセス：JR大阪環状線大阪城公園駅より徒歩
形状：輪郭式平山城、独立式望楼型5重8階
築城：豊臣秀吉により1583年築城
国の重要文化財：大手門、塀3棟(大手門南方、大手門北方、多聞櫓北方)多聞櫓、千貫櫓、乾櫓、一番櫓、六番櫓、焔硝蔵、金蔵、金明水井戸屋形、桜門

このモデルは、現在大阪に建っている1931年に再建された復興天守をベースに作ったのじゃ!

LaQ戦国ワールド

大阪城
初代の大坂城は1583年に豊臣秀吉が築城。豊臣家が居城としていたが大坂夏の陣で焼失。その後、第2代将軍徳川秀忠によって新たな大坂城が建てられるが、それも落雷により焼失してしまう。現在の天守閣は1931年に再建された復興天守となる。復興天守はコンクリートで造られ、初代の豊臣期大坂城の外見を再現することを目指し、徳川期大坂城の天守台に建てられた、両方の特徴を受け継いだものになっている。

ワンポイント この大阪城のモデルはLaQのイベント用に作られた大型モデル。熊本城のモデルよりもひと回り大きい。

鯱もLaQで作っているサイズなので、かなり細部まで作り込んであるぞい。

大きいモデルを作るときは、内部を中空にして骨組みをしっかり作るのがポイント。モデルの重さが均等にかかるようにすると壊れにくくなる。

LaQ戦国ワールド

ワンポイント 大きなLaQのイベントでは、普段見られないような大型モデルが飾られることがある。ぜひ見に行こう！

LaQ神業スペシャル
LaQ戦国ワールド

著者　浅川直樹・ヨシリツ株式会社

浅川直樹 プロフィール

2001年に最初のLaQ書籍を手掛けて以来、2017年の時点で40を超える数のLaQの書籍、企画商品を世に出した。LaQで何でも作ってしまうLaQマスターとしてLaQのイベントもこなす。
https://twitter.com/nasakwa
https://www.instagram.com/nasakwa

2018年2月15日　初版発行
2024年4月20日　4版発行

発 行 者　金田　功
発 行 所　株式会社 東京堂出版
　〒101-0051
　東京都千代田区神田神保町1-17
　電話03-3233-3741
　http://www.tokyodoshuppan.com/

D　T　P　江原大介／長戸麻希
撮　　影　羽田洋（プロペラ映像製作所）
印刷・製本　中央精版印刷株式会社

協力・監修　ヨシリツ株式会社
　〒638-0803
　奈良県吉野郡大淀町越部1563番地
　電話　042-382-3955（東京事務所）
代表取締役　吉條　宏
企 画 部　菊地　誠
開 発 部　善積良介

Special thanks　LaQ達人 Ken01

参考資料
カラー図解『城の攻め方・作り方』（宝島社）
『日本の名城解剖図鑑』（エクスナレッジ）
『週刊日本の城 改訂版No.1熊本城』（デアゴスティーニ・ジャパン）
『熊本城』（フジミ模型）

ISBN978-4-490-20982-2　C8076
©YOSHIRITSU CO.,LTD., Asakawa Naoki,株式会社 東京堂出版, 2018.
Printed in Japan

落丁本・乱丁本は、東京堂出版営業部あてにお送りください。
送料小社負担にてお取り替えいたします。
本書の無断複写（コピー）、転載は著作権法上での例外を除き、禁じられております。
定価はカバーに表示してあります。
この本についてのお問い合わせは、東京堂出版まで、
LaQについてのお問い合わせは、ヨシリツ株式会社までお願いします。